BBC ACTIVE

# Spanish

**talk**
**2**

## Inma Mcleish

Series Editor: Alwena Lamping

BBC Active, an imprint of Educational Publishers LLP, part of the Pearson Education Group, Edinburgh Gate, Harlow, Essex CM20 2JE, England

© Educational Publishers LLP 2007

BBC logo © BBC 1996. BBC and BBC ACTIVE are trademarks of the British Broadcasting Corporation.

First published 2007.

ISBN 978-1-4066-1294-3

**Cover design:** adapted from original artwork by Helen Williams and Matt Bookman
**Cover photograph:** Picture Contact/Alamy
**Insides design:** Nicolle Thomas, Rob Lian
**Layout:** eMC Design www.emcdesign.org.uk
**Illustrations** © Tim Marrs @ Central Illustration Agency
**Commissioning editor:** Debbie Marshall
**Development editor:** Sarah Boas
**Project editor:** Melanie Kramers
**Marketing:** Fiona Griffiths, Paul East
**Senior production controller:** Man Fai Lau

**Audio producer:** Martin Williamson, Prolingua Productions
**Sound engineer:** Dave Morritt at Studio AVP
**Presenters:** Mari Luz Rodrigo, Ginita Jimenez, Carlos Pando, Fran Canals

Printed and bound in China. (CTPSC/01)

The Publisher's policy is to use paper manufactured from sustainable forests.

# Contents

# Introduction

**Talk Spanish 2** is a new course from BBC Active, helping you to improve your Spanish in an enjoyable and stimulating way. It's designed for people who have some experience of Spanish – whether from an introductory course (such as the bestselling **Talk Spanish**), a first-level class or time spent in Spain – and who want to build on what they've learnt.

Recognising that language is reinforced through repetition, **Talk Spanish 2** takes time to revisit the basics, as well as taking you forward at a sensible and manageable pace. The course deals with interesting, adult topics such as food and wine, getting to know people, finding out about Spanish property, shopping and coping with problems. It's ideal, whether you want to learn for work or for fun, and as preparation for a national Level 1 qualification. The course covers the preliminary level of the Languages Ladder.

What makes **Talk Spanish 2** special?
- It has been developed by a team of professionals with extensive experience in adult language learning.
- The carefully designed activities focus on all the dimensions of learning Spanish, and aim to develop your ability to speak the language, understand replies, and experiment with reading and writing in Spanish.
- It recognises that, in order to go beyond basic phrases and really express yourself, you'll need to know some Spanish grammar. And it presents the grammar in a way that's easy to understand, without jargon or complex technical explanations.
- It incorporates highly effective learning strategies, such as predicting, educated guesswork, memory building, gist reading and selective use of a glossary.
- Its structured and systematic approach promotes steady progress and a real sense of achievement, boosting your confidence as well as your linguistic ability.

**Talk Spanish 2**, which includes this book and 140 minutes of audio recordings by native Spanish speakers, is an interactive course, involving you at all the stages of the learning process.

> Wherever you see this: **1•5**, the phrases or dialogues are recorded on the CD (i.e. CD1, track 5).

It consists of:

**Units 1 to 10**, each containing:

- *En España*, an insight into Spanish culture to set your learning in context;
- summaries of key language for you to listen to, read and repeat to practise your pronunciation;
- activities designed around the audio recordings, to develop your listening skills and understanding;
- succinct *En Español* explanations of how the language works, placed exactly where you need the information (where appropriate, these are expanded in the grammar section at the back - see links e.g. **G15** );
- a *Put it all together* section, consolidating what you've learnt before you put it to the test in *Now you're talking*, where you are prompted to speak Spanish;
- a final progress check with a quiz and a checklist summarising key points.

**Y además ...** supplements, at regular intervals, which will:

- take you that little bit further, reinforcing and extending what you've learnt in the preceding two units;
- broaden your vocabulary and/or place words that you know into a new context;
- develop your reading and writing skills.

**A comprehensive reference section**, including:

- a set of clear definitions of essential grammar terms (on page 6)
- transcripts of all the audio material
- answers to the activities
- a guide to pronunciation and spelling
- a grammar section
- Spanish–English glossary
- English–Spanish glossary.

BBC Active would like to thank all the language tutors who contributed to the planning of the **Talk 2** series. Our particular thanks go to Pam Lander Brinkley MA (Ed) and Sue Maitland, York ACES (Adult and Community Education Service).

# Glossary of grammatical terms

To make the most of the *En Español* notes, it helps to know the meaning of the following key grammatical terms.

- **Nouns** are the words for people, places, concepts and things: *son, doctor, sheep, house, Scotland, time, freedom.*
- **Gender** Every Spanish noun is either masculine or feminine, as are any articles and adjectives that relate to it.
- **Articles** are *the* (definite article) and *a/an* (indefinite article).
- **Pronouns** avoid the need to repeat nouns: *it, them, you, they.*
- **Singular** means one.
- **Plural** means more than one.
- **Adjectives** describe nouns: *Spanish* wine, the children are *small*.
- **Adverbs** add information to adjectives and verbs: *very* big, to speak *slowly*.
- **Verbs** are words like *to go, to sleep, to eat, to like, to have, to be,* that refer to doing and being.
- **Infinitive** Spanish verbs are listed in a dictionary in the infinitive form, ending in -**ar**, -**er** or -**ir**. The English equivalent is *to*: *to eat, to have.*
- **Regular verbs** follow a predictable pattern, while **irregular verbs** don't – they have to be learnt separately.
- The **person** of a verb indicates who or what is doing something:

  1st person = the speaker: *I* (singular), *we* (plural)

  2nd person = the person(s) being addressed: *you*

  3rd person = who/what is being talked about: *he/she/it/they*
- The **tense** of a verb indicates when something is done:

| in the past | past tense | *I worked, I have worked* |
|---|---|---|
| | imperfect tense | *I was working, I used to work* |
| now | present tense | *I work, I'm working* |
| in the future | future tense | *I will work* |

- The **subject** of a sentence is the person/thing carrying out the verb: *they* have two children, *Anna* reads the paper.
- The **object** of a sentence is at the receiving end of a verb: they have *two children*, Anna reads *the paper*.

# ¡Me encanta España!

getting to know people

talking about someone else

talking about work

explaining why you're learning Spanish

## En España ...

nowadays, people are less formal when talking to each other than they used to be. The **tú/vosotros** forms for *you* are used not only when talking to family members, friends, and the young, but also among older people, with **usted/ustedes** increasingly restricted to formal situations such as job interviews or talking to your doctor or lawyer. You'll still hear **usted/ustedes** in situations such as asking for information in shops or public places, or when addressing elderly people. As a foreigner in Spain, the best advice is to wait and see what the other person says and follow suit.

In Latin America, **usted** is more common than **tú**, and in the plural **vosotros** is never used.

# Getting to know people

**1** **1•2** Listen to the key language:

| | |
|---|---|
| **¿Cómo te llamas?** | What's your name? |
| **Me llamo …** | My name is … |
| **¿De dónde eres?** | Where are you from? |
| **Soy de …** | I'm from … |
| **¿Dónde vives?** | Where do you live? |
| **Vivo en …** | I live in … |

**2** **1•3** At the start of a **Curso de Español para Extranjeros** in La Rioja, the teacher invites people to ask her some questions rather than introduce herself. She begins by saying **Vamos a tutearnos** *Let's use tú*. Listen and make a note of her name and where she lives.

**Nombre** ............................................ **Domicilio** ............................................

**3** **1•4** Listen as two of the people on the course get to know each other, and fill in the gaps in their conversation.

- ¡Hola! ............ llamo Patrick.
- Encantada, Patrick. ¿ ............ inglés? ¿Americano?
- ............ irlandés. Y tú, ¿cómo ............ llamas?
- Lia.
- Y ¿de dónde ............?
- Soy ............ Rumanía, de Constanta. Soy rumana, pero ............ en Bucarest.
- Pues yo vivo ............ Inglaterra, cerca ............ Birmingham, con mi novia.

---

**En español**

If Lia and Patrick were using **usted** rather than **tú**:

| | | | |
|---|---|---|---|
| eres | vives | te llamas | would become |
| es | vive | se llama | |

because **usted** uses the 3rd person singular form of a verb, the same one as **he** and **she**.                                    **G14**

---

**4** Have a go at introducing yourself, giving your name and nationality and saying where you live.

# Talking about someone else

**1**  **1•5** Listen to the key language:

| | |
|---|---|
| Os presento a ... | Let me introduce you (pl) to ... |
| Se llama ..., Se llaman ... | His/Her name is ..., Their names are ... |
| Es ... | He/She is ... |
| Vive ..., Viven ... | He/She lives ..., They live ... |
| Tiene ..., Tienen ... | He/She has ... , They have ... |

**2**  **1•6** Lia and Patrick have been asked to introduce each other to the rest of the group. See if _you_ can introduce them, then listen to how they get on. _His girlfriend_ is **su novia**.

The ending of a verb changes from the infinitive ending -**ar**, -**er**, -**ir**, depending on who/what is involved. For most verbs the endings are predictable and consistent:

| | -ar | -er | -ir |
|---|---|---|---|
| yo _I_ | -o | -o | -o |
| tú _you_ | -as | -es | -es |
| él _he_, ella _she_, **usted** _you_ | -a | -e | -e |
| nosotros/as _we_ | -amos | -emos | -imos |
| vosotros/as _you_ | -áis | -éis | -ís |
| ellos/ellas _they_, **ustedes** _you_ | -an | -en | -en |

**En español**

**G15**

**3**  **1•7** Anabel encourages her class to carry on with their questions. Listen then decide whether the following facts about her are **verdadero** _true_ or **falso** _false_.

| | verdadero | falso |
|---|---|---|
| **a** Su hija tiene dos años. | | |
| **b** Anabel está casada. | | |
| **c** Su marido se llama Marcelo. | | |
| **d** Tiene dos hijas. | | |
| **e** Su hija se llama Maura. | | |

# Talking about work

**1**   **1•8** Listen to the key language:

| | |
|---|---|
| ¿En qué trabajas? | What do you do? |
| Trabajo en/para … | I work in/for … |
| Soy …, Trabajo de … | I'm a/an …, I work as a/an … |
| ¿Desde cuándo? | Since when? For how long? |
| desde 2003 | since 2003 |
| desde hace cinco años | for five years |

**2**   **1•9** First match the occupations with the pictures, using the glossary if you need to. Then listen to people talking about what they do for a living and tick the occupations you hear.

- ☐ fontanero/a
- ☐ actor/actriz
- ☐ electricista
- ☐ secretario/a de dirección
- ☐ enfermero/a
- ☐ programador(a)
- ☐ agente inmobiliario/a
- ☐ diseñador(a) gráfico/a

> **En español**
>
> **Desde** means *since* and **desde hace** means *for*, used with times and dates. Both are used with the present tense to say how long you have been doing something.
>
> **Vivo aquí desde febrero.** *I've been living here since February.*
>
> **Trabajo aquí desde hace dos años.** *I've been working here for two years.*

**3**   **1•10** Matteo and Sonia talk about what they do. Listen and decide whether

- Sonia has been working for an airline as a PA since 2000/2002/2003.
- Matteo has been an estate agent for 3/13/30 years.

**4**   Claudio is a **cirujano** *surgeon* who's been working in a hospital in Madrid since 2002. How would he say this in Spanish?

# Explaining why you're learning Spanish

**1**   **1•11** Listen to the key language:

| ¿Por qué? | Why? |
|---|---|
| Porque ... | Because ... |
| ... me gusta España/viajar. | ... I like Spain/ travelling. |
| ... me gustan los idiomas. | ... I like languages. |
| ... me interesa/me encanta ... | ... I'm interested in/I love ... |
| ... quiero ... | ... I want to ... |
| Para hablar con ... | To talk to ... |

---

If what you like or are interested in is plural, e.g. **idiomas**, you use **gustan, interesan** or **encantan** rather than **gusta, interesa** or **encanta**.

**G34**

---

**2**   **1•12** Anabel asks people why they want to learn Spanish **¿Por qué quieres aprender español?** Here are some replies. Match the Spanish and the English, then listen and tick those you hear. Which one's not mentioned?

| | | | |
|---|---|---|---|
| a | Me interesa la cultura española. | 1 | I really like languages. |
| b | Me gustan mucho los idiomas. | 2 | Out of curiosity – why not! |
| c | Para viajar por España. | 3 | I like spending my holidays in Spain. |
| d | ¡Me encanta España! | 4 | I want to work in Latin America. |
| e | Quiero trabajar en Latinoamérica. | 5 | To travel around Spain. |
| f | Me gusta pasar mis vacaciones en España. | 6 | I'm interested in Spanish culture. |
| g | Porque me gustan la comida y los vinos españoles. | 7 | I love Spain! |
| h | Para hablar con la novia de mi hijo. | 8 | To speak to my son's girlfriend. |
| i | Por curiosidad, ¿por qué no? | 9 | Because I like Spanish food and wine. |

**3**   **1•13** Now listen as Anabel asks Pauline why she's learning Spanish. What reason does she give? Who does she want to visit, and where?

**4**   Using a dictionary if necessary, say why you're learning Spanish.

# put it all together

**1** Change the ending of **estudiar**, **aprender** and **vivir** to agree with **yo**, **tú**, **usted** and **ellos/ellas**

|          | yo | tú | usted | ellos/ellas |
|----------|----|----|-------|-------------|
| estudiar |    |    |       |             |
| aprender |    |    |       |             |
| vivir    |    |    |       |             |

**2** Match the Spanish and the English.

| | | | |
|---|---|---|---|
| a | Me gustan los vinos españoles. | 1 | I like working in Spain. |
| b | ¿Cómo se llama? | 2 | I like Spanish wines. |
| c | Quiero trabajar en España. | 3 | Since when? |
| d | Me gusta el vino. | 4 | What are their names? |
| e | Me gusta trabajar en España. | 5 | I want to work in Spain. |
| f | ¿Cómo se llaman? | 6 | What's her name? |
| g | ¿Desde cuándo? | 7 | I like wine. |

**3** Here's a profile of a **consultor** *business consultant* from Valladolid.

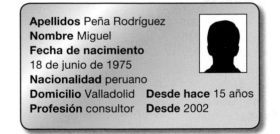

**Apellidos** Peña Rodríguez
**Nombre** Miguel
**Fecha de nacimiento**
18 de junio de 1975
**Nacionalidad** peruano
**Domicilio** Valladolid    **Desde hace** 15 años
**Profesión** consultor    **Desde** 2002

  **a** How might he introduce himself, giving his name, age in 2007 and nationality; where he lives and how long he's been living there; what his job is and when he started?
  **b** And how would you introduce him to a group of people?

**4** Think of someone you know well and write down how you'd introduce him or her to two Spanish-speaking friends.

**1**   **1•14** Answer these questions as if you were Louise Preston, who's been working as an **investigadora** *researcher* in London for the past seven years. She's doing a Spanish course because she likes travelling and wants to work in Spain.

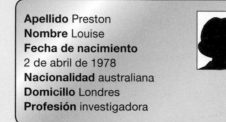

**Apellido** Preston
**Nombre** Louise
**Fecha de nacimiento**
2 de abril de 1978
**Nacionalidad** australiana
**Domicillo** Londres
**Profesión** investigadora

- ● ¡Hola! ¿Cómo te llamas?
- ● Eres canadiense, ¿no?
- ● ¿Dónde vives?
- ● ¿En qué trabajas?
- ● ¿Desde cuándo eres investigadora?
- ● Y ¿por qué quieres aprender español?

**2**   **1•15** You're in a train in Spain, sitting opposite a young man. You start a conversation by saying *Hi* and asking what his name is.

- ● Iván, Iván Cámara. Encantado.
- ◆ Ask Iván where he's from.
- ● Soy de Segovia.
- ◆ Find out whether he's living in Segovia.
- ● No. Vivo en Burgos desde hace seis años.
- ◆ Ask what he does for a living.
- ● Soy diseñador gráfico. En este momento trabajo desde casa porque tengo una hija pequeña.
- ◆ Ask how old his daughter is.
- ● Tiene sólo seis meses. Es preciosa.

# quiz

1 If someone says **Vamos a tutearnos**, what are they suggesting?

2 How would you introduce José to a group of people?

3 To say your son is twelve, do you need **tengo**, **tienes** or **tiene** in the gap? **Mi hijo ......... doce años**.

4 What's the Spanish for 'name' and 'surname'?

5 If you've been working in Leeds for the last four years, what will you need to insert here? **Trabajo en Leeds ......... .........**
**cuatro años.**

6 When you're talking about yourself, what letter does the verb generally end in?

7 Would you use **me gusta** or **me gustan** to say you like travelling?

8 Would you use **por** or **para** in the sentence **Trabajo ......... una empresa multinacional**?

## Now check whether you can ...

- introduce yourself
- say where you live and what you do for a living
- say how long you've been doing this
- explain why you're learning Spanish
- ask people their names, what they do and where they live
- introduce someone
- provide information about where he/she lives and works

Successful language learning needs plenty of practice and it also helps to have a personal angle – it's much easier to remember words that have an immediate relevance to you personally. So, using a dictionary, start to boost your vocabulary by creating as many sentences as you can starting with **Soy ...**, **Me gusta/gustan ...**, **No me gusta/gustan ...**, **Quiero ....**

# Cenamos a las nueve

talking about times

... and saying when you do things

talking about your routine

... and the working day

## En España ...

traditionally, most people work a **jornada partida** *divided day*, stopping for a couple of hours for lunch from about two o'clock and working through till about seven or eight in the evening. In small towns and villages, most people go home for **la comida** or **el almuerzo** *lunch*. In the big cities this break tends to be shorter so that people can eat at work and go home earlier. Shops also close for between two and three hours in the afternoon, especially in the summer.

However, the tendency, both in the working environment and in shops, is increasingly to have a **jornada continua** *day without breaks*. The famous **siesta** is rarely taken any more, except during the long summer holidays.

# Talking about times

**1** **1•17** Listen to the key language:

| | |
|---|---|
| **¿Cuál es el próximo vuelo ...** | What's the next flight ... |
| **... para Bilbao?** | ... for Bilbao? |
| **Hay uno a .../otro a ...** | There's one at .../another at ... |
| **El siguiente sale a ...** | The following one leaves at ... |
| **Llega a ...** | It arrives at ... |
| **antes de ...** | before ... |

**2** **1•18** Mel Banks wants to fly to Bilbao from Madrid for a conference. Listen to what he's told at check-in and note the three flight times, including the one with no **plazas** *seats* available.

- ● **¿Cuál es el próximo vuelo para Bilbao?**
- ◆ **Hay uno a las ......, pero está completo. No hay plazas disponibles.**
- ● **¿Y el siguiente vuelo?**
- ◆ **El siguiente sale a las ...... horas y hay otro a las ...... .**
- ● **Entonces, ¿no hay vuelo antes de las cuatro?**
- ◆ **No, señor.**

## IV CONGRESO EUROPEO DE GENÉTICA
### Bilbao, España
### 21-25 de abril de 2007

**En español**

People almost always use the 12-hour clock in everyday speech, but it's useful to be able to recognise the 24-hour clock when it's used officially, e.g. in travel timetables and in airports and stations:
**El próximo sale a las doce y veinte.** *The next one leaves at 12.20.*
**Llega a las trece y treinta y cinco.** *It arrives at 13.35.*

**3** **1•19** Listen as Mel phones Alejandro, a Spanish colleague, and leaves him a message. How does he say what time he will be arriving?

**4** At the last minute the airline got Mel on the earlier flight getting in at 15.20. He texts Alejandro to tell him about the change of plan and what time he arrives. Complete the text: **Perdona. Cambio de planes ...**

# ... and saying when you do things

**5**   **1•20** Listen to the key language:

| | |
|---|---|
| **Por la mañana ...** | In/during the morning ... |
| **a las ocho y media** | at half past eight |
| **a las once y cuarto** | at quarter past eleven |
| **a las tres menos cuarto** | at quarter to three |
| **hasta/después de ...** | until/after ... |
| **... el desayuno/el almuerzo** | ... breakfast/lunch |

The **nosotros** *we* form is very simple.

- **-ar** verbs end in **-amos:**
  **empezar** *to start* ▸ **empezamos; cenar** *to have supper* ▸
  **cenamos; encontrarse** *to meet* ▸ **nos encontramos**

- **-er** verbs end in **-emos:**
  **volver** *to return* ▸ **volvemos**

- **-ir** verbs end in **-imos:**
  **salir** *to depart* ▸ **salimos**

G15

**En español**

**6**   **1•21** The conference organiser is giving out the **horario** *timetable* for the day. Listen and fill the gaps with the words from the box. **Juntos** means *together*.

Bueno, pues por la mañana nos encontramos para el desayuno.
............ a las ocho y media y ............ en grupo hasta las once y cuarto,
cuando ............ una pausa para tomar café. Luego ............ a trabajar
hasta el almuerzo a las dos menos cuarto. Después de comer, hay
tiempo libre para actividades diversas. Nos ............ otra vez a las siete
de la tarde para el aperitivo. A las nueve ............ juntos.

| | | |
|---|---|---|
| cenamos | volvemos | empezamos |
| encontramos | hacemos | trabajamos |

**7**   How would you say the following in Spanish?

- We arrive at quarter to eight.
- We have coffee at quarter past twelve.
- We work until lunch at half past two.

# Talking about your routine

**1** **1●22** Listen to the key language:

| | |
|---|---|
| **¿A qué hora te levantas?** | What time do you get up? |
| **Me despierto temprano.** | I wake up early. |
| **Me levanto a …** | I get up at … |
| **Me ducho …** | I have a shower … |
| **Voy al gimnasio.** | I go to the gym. |
| **Vuelvo a casa.** | I return/go back home. |
| **Me acuesto tarde.** | I go to bed late. |

**2** **1●23** Listen to six people talking about what they do **normalmente** *normally* in the morning, and note whether they wake up or get up at these times.

a `07:00`  b `07:30`  c `08:00`
d `06:45`  e `08:50`  f `06:30`

The infinitive of many verbs ends in -se: **levantarse** *to get up*, **ducharse** *to have a shower*. These are called reflexive verbs. The -se changes to **me, te, se, nos**, etc. depending on who is involved, and goes before the verb:

| | |
|---|---|
| **me levanto** *I get up* | **nos levantamos** *we get up* |
| **te levantas** *you get up* | **os levantáis** *you get up* |
| **se levanta** *he/she/you (Vd) get(s) up* | **se levantan** *they/you (Vds) get up* |

**G27**

**3** **1●24** Listen to Alejandro telling Mel about his daily routine and see if you can catch:

- what time he wakes up (**sobre** means *around* or *about*).
- what time he gets up.
- what time he goes to bed.

**4** Now say what time you normally wake up, get up and go to bed.

# ... and the working day

**5** **1•25** Listen to the key language:

| | |
|---|---|
| **Trabaja desde casa.** | He/She works from home. |
| **Viaja en tren/en coche.** | He/She travels by train/by car. |
| **Sale de casa ...** | He/She leaves home ... |
| **todos los días** | every day |
| **(casi) siempre** | (almost) always |
| **Ve la tele.** | He/She watches TV. |

**6** **1•26** Listen as Alejandro's wife Carmen talks about their day, then tick whether these statements apply to Alejandro, Carmen or both of them. **Luego** means *then*.

| | A | C | | A | C |
|---|---|---|---|---|---|
| Me levanto a las ocho. | | | Llego a la oficina. | | |
| Trabajo desde casa. | | | Vuelvo a casa. | | |
| Salgo de casa. | | | Ceno a las nueve. | | |
| Viajo en tren. | | | Me acuesto a las doce. | | |

Some verbs don't follow the regular patterns. Several just have an irregular yo form: hacer ▸ hago; salir ▸ salgo.

**Hago ejercicio.** *I take exercise.* **Salgo de casa.** *I go out.*
Watch out for verbs that have a vowel change in the three singular forms and the 3rd person plural:

| e ▸ ie | empezar | empieza *it starts* |
|---|---|---|
| | despertarse | se despierta *he/she wakes up* |
| o ▸ ue | volver | vuelven *they return* |
| | acostarse | te acuestas *you go to bed* |
| e ▸ i | seguir *to follow* | sigo *I follow*, sigues *you follow* |

A few are totally irregular and have to be learned individually:
ir *to go*: voy *I go*, vas *you go*, va *he/she goes*, vamos *we go* **G16**

*En español*

**7** Can you ask a friend:

- what time he or she gets up/goes to bed?
- what time he or she leaves the house and returns home?

# put it all together

**1** Find a connection between the words in the two columns.

| a | acostarse | 1 | horario |
|---|-----------|---|---------|
| b | ejercicio | 2 | café |
| c | salir | 3 | tren |
| d | despertarse | 4 | noche |
| e | pausa | 5 | gimnasio |
| f | congreso | 6 | mañana |
| g | viajar | 7 | salgo |

**2** Fill the gaps with verbs from the box, using the correct endings. One verb is used twice.

> trabajar    levantarse    ir    volver    salir    hacer

a  Soy ingeniero. Todos los días ............ de casa a las ocho.
b  Mi mujer y yo ............ desde casa.
c  Después del trabajo, yo ............ al gimnasio y ............ ejercicio.
d  Max ............ en coche a la oficina.
e  Ellos ............ a casa sobre las siete de la tarde.
f  Los sábados, Ana y Max ............ tarde, a las diez y media.

**3** Write the following in Spanish, in 12-hour clock format, and adding **de la mañana, de la tarde** or **de la noche** as appropriate.

a  at **07:30**    b  at **20:00**    c  at **16:45**

d  at **23:00**    e  at **06:20**

**4** How would you tell someone in Spanish that you:

- normally wake up early,
- get up at about 7.30,
- then (**luego**) have a shower,
- go to work by train every day,
- return home at about seven,
- almost always watch TV and
- go to bed late?

# now you're talking!

1    **1•27** Answer these questions as if you were Andy Moss from Colchester, a **contable** *accountant* who commutes to London by train.

- **Andy, ¿dónde vives?**
- ◆ Say you live in Colchester.
- **Pero trabajas en Londres, ¿no?**
- ◆ Say yes, you're an accountant and you work in London.
- **¿A qué hora te levantas normalmente?**
- ◆ Say you wake up at seven and get up at 7.10.
- **¿Y a qué hora sales de casa?**
- ◆ Say you leave at quarter to eight.
- **¿Viajas en tren?**
- ◆ Say yes, every day.
- **¿A qué hora vuelves a casa por la tarde?**
- ◆ Say you get back at about half past seven.

2    **1•28** Now answer these questions as if you were Andy's wife, Liz, a dentist in Colchester. You'll notice one of the verbs in the questions ends in -**áis**. That's because it refers to both of them.

- **¿A qué hora se levanta Andy?**
- ◆ Say he gets up at ten past seven.
- **Andy trabaja en Londres, ¿verdad?**
- ◆ Say yes, he's an accountant, he goes to London every day.
- **Y tú, ¿en qué trabajas?**
- ◆ Say you're a dentist. You work here in Colchester.
- **Y te gusta hacer ejercicio, ¿no?**
- ◆ Say yes, you go to the gym every day.
- **¿Cenáis juntos por la noche?** (**Juntos** means *together*)
- ◆ Say yes, you have supper together at home.
- **¿A qué hora cenáis?**
- ◆ Say normally at about eight.

# quiz

1 What time is **las cuatro menos veinticinco de la tarde**?

2 Is **tarde** or **temprano** the Spanish for *early*?

3 What's an **horario**?

4 Add **sesenta** and **doce**. What's the answer in Spanish?

5 Is it **me**, **se** or **nos** that's missing here? ............ **levantamos a las nueve.**

6 If *to leave* is **salir** and *to arrive* is **llegar**, how would you say *we leave at half past five and arrive at seven o'clock*?

7 *Marta travels by train* is **Marta** .................... .

8 What's the connection between **voy** and **ir**?

## Now check whether you can ...

- understand times using both the 12- and 24-hour clock
- say what happens when
- say *we* do something if you're given the infinitive of a verb
- talk about your daily routine
- describe people's work routine

This first section of *Talk Spanish 2* has been about revisiting the basics as well as extending your Spanish. There's more consolidation to come in **Y además ... 1**, but if you're finding at this stage that some of what you learnt previously has escaped your memory, now would be a good time to remind yourself of numbers (see page 131), vocabulary and key basics. It can be quite therapeutic to go over something familiar that you learnt very early on.

# Y además ... 1

Remember there are two verbs for *to be* – ser and estar.

- ser: name and nationality.
  **Soy Rita, soy española.** *I'm Rita, I'm Spanish.*
- estar: married or single status.
  **Estoy casado/a.** *I'm married.* **Luis y Paca están divorciados.**
  *Luis and Paca are divorced.*                                    **G17**

1  Luis Carlos and Mariano are chatting on a website that reunites old
   school and university friends. Read their conversation and fill in the
   correct form of the verbs in brackets. **Enseñar** means *to teach*.

---

Hola Mariano. (Ser) ......... Luis Carlos Carmona. ¿Te acuerdas de
mí? De la universidad …

Por supuesto. ¡Cuánto tiempo! ¿Qué tal?

Muy bien. ¿Dónde (vivir) ......... ahora?

Pues en Salamanca, ¿y tú?

Yo (vivir) ......... en León desde hace 5 años. ¿Y dónde (trabajar)
.........?

(Trabajar) ...... para una empresa química como técnico de sistemas.
Y tú, ¿qué (hacer) .........?, ¿(seguir) ......... con la informática?

Pues sí y no. Ahora (enseñar) ......... Informática en un instituto.

¡Qué bien!

Oye, ¿(estar) ......... casado?

Bueno, ahora no. (Estar) ......... divorciado, desde 2002.
(Tener) ......... una hija, ¿y tú?

Sí, (estar) ......... casado. Mi mujer (llamarse) ......... Rita. (Ser) .........
argentina y (trabajar) ......... para una multinacional. (Vivir) .........
en un chalet a las afueras de León.

¿Y vosotros tenéis hijos?

No, no (tener) ......... hijos todavía. (Estar) ......... casados desde hace
dos años solamente.

Oye, ¿por qué no venís tú y Rita un fin de semana a Salamanca?
León y Salamanca no están lejos …

¡Qué buena idea!

Vosotros/Vosotras is used in Spain for the informal plural *you*.

| -ar verbs end in -áis: | trabajar | trabajáis *you work* |
| -er verbs end in -éis: | tener | tenéis *you have* |
| -ir verbs end in -ís: | venir *to come* | venís *you come* |

Sois is the **vosotros** form of ser.

**G15**

**2** Álvaro and Victoria Castaño are having a meal with Hernán and Rosana Pinzón, **primos** *cousins* from Venezuela they haven't seen for years. Read this conversation about their families and see if you can get the gist.

| **nuestro hijo** *our son* | **vuestra hija** *your daughter* |
| **nietos** *grandchildren* | **abuelos** *grandparents* |
| **cuñado/a** *brother/sister-in-law* | **nuera** *daughter-in-law* |

**V** Tenéis dos hijos, ¿no?

**R** Sí, sí. Nuestro hijo, Óscar, es ingeniero civil. Trabaja para el gobierno en Caracas. Está casado desde hace tres años. Su mujer se llama Antonia.

**V** ¿Tenéis nietos?

**R** Pues no, todavía *(as yet)* no somos abuelos. ¿Vosotros sois abuelos?

**V** Sí, tenemos dos nietos pequeños. Oye, ¿y vuestra hija?

**R** Nuestra hija Tita estudia idiomas en la universidad. Estudia alemán y chino.

**V** ¡Chino! Como mi cuñado Pepe, también habla chino ... y árabe. Muy inteligente, Pepe ... Oye, ¿qué tal tus padres?

**R** Están muy bien. Viven en una casita cerca de nosotros. Son muy activos. ¿En qué trabajáis ahora vosotros?

**V** Tenemos una empresa de construcción. Nuestro hijo Abel es el director y nuestra nuera Agustina es la contable ...

**3** Read the conversation again and say whether the following statements are **verdadero** or **falso**.

| | V | F |
|---|---|---|
| **a** Victoria and Álvaro have their own company. | ☐ | ☐ |
| **b** Rosana's daughter-in-law is learning Chinese. | ☐ | ☐ |
| **c** Rosana's parents live a long way away. | ☐ | ☐ |

**d** Victoria has two grandchildren.  ☐ ☐
   **e** Óscar works for the government.  ☐ ☐

- Occupations ending in **-e** and **-ista**, e.g. **gerente** *manager*, **cantante** *singer*, **periodista** *journalist*, **oculista** *optician*, refer to men and women.
- Some words for some traditionally male occupations are masculine, even when referring to a woman, e.g. **piloto** *pilot*, **albañil** *bricklayer*, **soldado** *soldier*.

**G1**

**4** How would you say what these people do and how long they've been doing it? e.g. **Ángel es profesor desde 1999.**

**Susana 2003**  **Diego siete años**  **Federico cinco años**  **Estrella 1998**

**Para** and **por** can both mean *for* in different contexts:

- **para**  in order to  **vienes para trabajar**
  destination  **el próximo vuelo para Bilbao**
  (intended) for  **un curso para extranjeros**
  (working) for  **trabajo para el gobierno**

- **por**  because of  **vengo por curiosidad**
  in, during  **por la mañana**

**Por** is also used in common expressions such as **por favor** *please*, **por ejemplo** *for example*, **por supuesto** *of course*, **por lo general** *usually*, etc.

**G3**

**5** **1•29** A Spanish radio programme interviewed some British people who are planning to go and live in Spain. They were asked **¿Por qué quiere vivir en España?** *Why do you want to live in Spain?* Complete their answers with **por** or **para**, then listen and check.

**John and Ann Fisher**
Queremos vivir en España
......... el clima tan bueno.

**Luke**
Soy músico. Quiero ir a España
......... estudiar guitarra clásica.

**Angela**

Mi novio es español. Voy a España ......... poder estar juntos. También quiero trabajar ......... una empresa española.

**Moira and Paul**

¿Por qué? Bueno, pues ......... el ritmo de vida, más tranquilo que en Inglaterra, y ......... el sol. Ah, y ......... aprender bien español.

**6** Noemí e-mails her friend Mari Paz about her new job as a **guía turística** *tourist guide* in Zaragoza. **La gente** means *people* – unlike English it's always followed by a singular verb.

| | |
|---|---|
| **casi siempre** *almost always* | **casi nunca** *almost never* |

¡Hola Mari Paz!

¿Qué tal? Yo, fenomenal. ¡Tengo trabajo! Sí, soy guía turística en Zaragoza y me gusta mucho el trabajo.

Mira, así es un día típico: me levanto a las siete, me ducho, casi nunca desayuno y salgo a las siete y media. Normalmente cojo el autobús hasta la Plaza del Pilar. Allí me reúno con mis compañeros en la Oficina de Turismo. Juntos tenemos una reunión de una hora y planeamos las rutas y estudiamos la información. Es muy interesante. Luego nos reunimos para comer también. Casi siempre comemos en un bar cerca de la oficina.

Me ocupo de grupos pequeños. La gente viene de todas partes del mundo y practico el inglés y el francés. Visitamos los lugares más importantes de Zaragoza. Termino sobre las seis de la tarde y vuelvo a casa a las seis y media ¡muy cansada! Me acuesto sobre las once.

Y tú, ¿qué tal tu trabajo?
Besos, Noemí

Describe Noemí's day in Spanish, saying what time she gets up in the morning, how she travels to work, what she and her colleagues (**sus compañeros**) do when they get to the office, what her job consists of, when she finishes work and goes home, and what time she goes to bed.

**7** Write a similar e-mail to a friend describing your typical day.

# ¿Qué se puede hacer aquí?

getting local information

... and advice

talking about leisure interests

planning an activity

## En España ...

any local **oficina de turismo** *tourist office* will provide you with information about a particular area and you'll find there all the facts you need about the **historia, cultura** and **naturaleza** *nature* of the city or region. You'll also get advice about local **fiestas** and cultural events, and about any **deportes** *sporting activities* that are available locally, such as **el senderismo** *trekking*, **el piragüismo** *canoeing*, **la escalada** *climbing*, **el esquí** *skiing* or **la equitación** *riding*. When booking an activity or paying by card, you'll be asked for your **DNI** *identity card* or passport.

# Getting local information

**1**  **1•30** Listen to the key language:

| | |
|---|---|
| **¿Hay ... por aquí?** | Is/Are there ... round here? |
| **algún, alguna/os/as** | some, any |
| **¿Tiene ...?*** | Do you have ...? |
| **Quisiera ...** | I'd like ... |
| **¿Me puede decir ...? *** | Can you tell me ...? |
| **¿Se puede ...?** | Can I/we/Is it possible to ...? |

*All the speakers are using the formal **usted** form.

**2**  You'll find many types of **información turística** in the **oficina de turismo**. See if you can work out what the following are: many of the words are similar so only use the glossary if you're stuck.

guía de senderismo    plano de la ciudad    horario de apertura

mapa de carreteras    lista de hoteles    guía gastronómica

folleto turístico    horario de visitas guiadas    mapa de la zona

calendario de actividades

**3**  **1•31** Now listen to four people making enquiries at an **oficina de turismo**. Which of the above are mentioned? **Puedo aconsejarle ...** means *I can recommend to you ...* .

**Poder** *can/to be able to* changes the **o** to **ue** in the singular forms and in the 3rd person plural:

| | | | |
|---|---|---|---|
| (yo) | puedo | (nosotros/as) | podemos |
| (tú) | puedes | (vosotros/as) | podéis |
| (él/ella/usted) | puede | (ellos/ellas/ustedes) | pueden |

**¿Se puede ...?** *Can I/we ...?* is the most commonly used way of asking whether something can be done or is allowed:
**¿Se puede aparcar aquí?** *Can I/we park here?*    **G16**

**4**  **1•32** Listen as Carmen enquires about a **guía** *guidebook* she has found. How does she ask if she can buy it? Is it for sale?

# ... and advice

**5**   **1•33** Listen to the key language:

| | |
|---|---|
| **¿Qué se puede hacer ...?** | What is there to do? |
| **Si quieren/prefieren ...*** | If you like/prefer ... |
| **Pueden ...** | You can ... |
| **Si les gusta ...** | If you like ... |
| **Si les interesa ...** | If you are interested in ... |
| **No se pierdan ...** | Don't miss ... |

*Here, the speaker is using the formal **ustedes** form.

**6**   **1•34** Manuel and Patricia are making enquiries about what to do and see in the Cuenca region. Listen out for and tick the following:

 en coche     en bicicleta

catedral gótica    museo

senderismo *trekking*    casco antiguo *historic city centre*

**Casas Colgadas** *'hanging' houses perched on a rock on a cliff*

---

**En español**

When speaking formally to more than one person, you use the **ustedes** form - the same form of the verb as *they*:

si quieren andar  *if you want to walk;* **pueden ver ...**  *you can see ...*
¿Tienen un mapa?  *Do you have a map?*

With verbs such as **interesar/gustar**, *you* (pl) is **les**:
Si les gusta hacer senderismo ...  *If you like trekking ...*
Si les interesa el arte ...  *If you're interested in art ...*  **G14**

---

**7**   Now read part of the conversation and fill the gaps.

- ¿Qué se puede hacer en la zona?
- Bueno, pues, esto es Cuenca y aquí ¡se ............ hacer de todo! Si ............ el arte, ............ ver la catedral gótica y el casco antiguo. Si ............ andar, ............ ir a veinte minutos de la ciudad, en coche o en bicicleta, y pasear por la Serranía de Cuenca. Si ............ hacer senderismo, ............ seguir alguna ruta de la provincia.

# Talking about leisure interests

**1** **1●35** Listen to the key language:

| | |
|---|---|
| **¿Qué te gusta hacer?*** | What do you like doing? |
| **¿Te interesan los deportes? *** | Are you (sing) interested in sports? |
| **¿Os gustan las montañas? *** | Do you (pl) like the mountains? |
| **Lo que más me gusta es ...** | What I like best is ... |

*Here, people are using the informal **tú** and **vosotros** forms.

**2** **1●36** Listen as José Miguel, Maricruz and Ester talk about what they like doing at weekends (**los fines de semana**). Who likes doing what?

| | |
|---|---|
| **nadar** *swimming* | **los deportes náuticos** *water sports* |
| **el buceo** *scuba diving* | **el fútbol** *football* |
| **el baloncesto** *basketball* | **el balonmano** *handball* |

**a** How does José Miguel say he supports Real Madrid?
**b** How does Ester say what she likes best?

**3** **1●37** Pedro describes his summer holiday walking with his family along the **Camino de Santiago**, a pilgrim route taken by thousands of people each year. Work out the meaning of these phrases with the help of the glossary, then listen and tick them as you hear them.

- **descubrir nuevos pueblos**
- **visitar castillos e iglesias**
- **conocer a personas de todas partes**
- **gozar de la paz y el silencio**
- **pasear por los largos senderos**
- **estar en contacto con la naturaleza**

# Planning an activity

**1** **1•38** Listen to the key language:

| | |
|---|---|
| Me gustaría ... | I'd like ... |
| ¿Se puede reservar/pagar ...? | Can one book/pay ...? |
| (No) hace falta ... | You (don't) need to ... |
| Es necesario/aconsejable ... | It's necessary/advisable ... |
| A mí no me gusta nada ... | I don't like ... at all. |
| ¿Me puede hacer un descuento? | Can you give me a discount? |

**2** **1•39** Carmen is given some information about **una excursión guiada** *a guided walk* in the **Picos de Europa**. Listen closely, then read the list below and decide which item was not mentioned. Listen again to check. The transcript is on page 112.

- You don't need to book.
- There's a walk every day.
- Departure is at 08.30.
- The trip lasts five hours.
- It's important to bring food and water.
- It's necessary to wear suitable shoes – walking boots.
- It's advisable to bring a jumper and cagoule (**chubasquero**).

**3** **1•40** Manuel talks to his friends Patricia and Agustín about exploring the area. What does he suggest and how do the others react?

- ¿Nos vamos a explorar la zona un poco mañana?
- ◆ Sí, claro. Vamos en coche, ¿no?
- O podemos alquilar unas motos ...
- ◆ ¡Ir en moto! ¡Fantástico!
- Pues a mí no me gustan nada las motos.

**4** **1•41** As Agustín wasn't keen on **motos**, they decide to hire bikes. Listen to Manuel phone the hire company **Alquisa** and note:

   **a** how long they want the bikes for;
   **b** how much it costs per bike;
      whether he gets a discount;
   **c** how he arranges to pay.

> **ALQUISA**
> **Alquiler de bicicletas**
>
> **Precios de alquiler**
> 1 hora 5,00€   1 día 20,00€
>
> **Descuentos**
> 15% a grupos de cinco bicicletas mínimo.
>
> **Documentos**
> DNI, tarjeta de crédito (Fianza de 100€)
>
> **Accesorios**
> Casco, candado, botiquín

# put it all together

**1** Match the two halves.

| | | | |
|---|---|---|---|
| a | Me encantan | 1 | llevar calzado adecuado. |
| b | ¿Se puede | 2 | con tarjeta de crédito? |
| c | ¿Hay | 3 | hacer un descuento? |
| d | Nos interesa | 4 | hacer aquí la reserva? |
| e | ¿Me puede | 5 | un hotel por aquí? |
| f | Es aconsejable | 6 | los deportes náuticos. |
| g | ¿Se puede pagar | 7 | la arquitectura moderna. |

**2** You're proudly showing off your brand new car. Complete the question ¿...... **gusta mi coche nuevo?** as if you were talking to:

a  your niece Eva
b  your parents
c  your elderly neighbours
d  your friends
e  the postman

**3** How would you tell a friend that:

a  you like walking but you're not interested in trekking;
b  you like visiting churches and museums;
c  you love football and basketball;
d  you're not at all interested in cinema;
e  what you like best is cooking.

**4** Your teenage neighbour can't read this e-mail from her new friend in Spain. Explain to her what this section says, using the glossary for any new words.

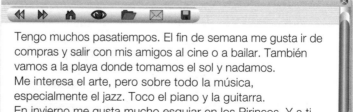

Tengo muchos pasatiempos. El fin de semana me gusta ir de compras y salir con mis amigos al cine o a bailar. También vamos a la playa donde tomamos el sol y nadamos.
Me interesa el arte, pero sobre todo la música, especialmente el jazz. Toco el piano y la guitarra.
En invierno me gusta mucho esquiar en los Pirineos. Y a ti, ¿qué te gusta hacer?

# now you're talking!

1   **1•42** You and a friend are at the tourist office in Tarragona.

- ● **Buenos días. ¿Qué desean?**
- ◆ Greet her and ask if she has a map of the town.
- ● **Sí, aquí tienen uno.**
- ◆ Ask what there is to do in Tarragona.
- ● **¡Pues muchas cosas! Si les interesa el arte, el casco antiguo de la ciudad es impresionante. Y si les interesa la naturaleza, aquí hay una guía también.**
- ◆ Say you're interested in art. Ask if there are guided tours.
- ● **Sí, hay un autobús cada media hora que recorre la ciudad.**
- ◆ Ask if they have a guidebook of the area.
- ● **Sí, ésta es una guía de la zona. Pueden visitar la costa mediterránea y también el Delta del Ebro. Tienen coche, ¿no?**
- ◆ Say you don't have a car. Ask if it is possible to hire a motorbike.
- ● **Sí, pueden llamar por teléfono a este número.**
- ◆ Ask if there's a good restaurant nearby.
- ● **Bueno, los mejores restaurantes están en la costa. Aquí tienen un folleto de la gastronomía típica.**

2   **1•43** You're chatting to Roberto, who you've met on holiday. He's just suggested **Vamos a tutearnos.**

- ● Ask him what he does at the weekend.
- ◆ **Bueno, no mucho ... voy de compras, salgo con los amigos, vamos al cine o a la discoteca ... vamos a cenar ...**
- ● Ask him if he likes sports.
- ◆ **Sí, me gusta jugar al tenis y nadar.**
- ● Ask him if he's interested in football.
- ◆ **¿El fútbol? ¡Por supuesto! Soy hincha del Barça. Y tú, ¿qué haces en tu tiempo libre?**

3   Using the glossary, tell an English-speaking friend what Roberto does at the weekend then practise replying to his question: **¿Qué haces en tu tiempo libre?** *What do you do in your spare time?*

# quiz

1 What information does an **horario de apertura** give you?

2 Would you use **puede** or **puedes** with **tú**?

3 To ask a group of people if they like football, would you use
**le gusta, le gustan, les gusta** or **les gustan**?

4 Would you read, wear or eat **un chubasquero**?

5 What do **tienen**, **prefieren** and **exploran** have in common?

6 **guía, folleto, carta, lista, camino, plano, horario**. Which is the
odd one out and why?

7 ¿...... ........? is an alternative to **puedo** and **podemos** to ask if you
can do something.

8 What does **No se pierdan** mean?

## Now check whether you can ...

- ask for information and advice in a tourist office
- ask about/say what you and other people can do
- suggest and plan an activity
- talk about what you like to do in your spare time
- ask others about their leisure interests

If you go online at **www.spain.info**, you'll find it full of fascinating
facts and figures about Spain. Click on the Spanish flag and you
can read information in Spanish about, for example, **Las Ciudades
Patrimonio** *World Heritage Sites*, the thirteen **Parques Nacionales**
and the hundreds of **Parques Naturales**, or **fiestas** in various regions.
Don't get hung up on single words you don't understand but 'skim
read' to get the flow of the passage. If you then click on the British
flag you'll get the same information in English and you can compare
the two.

# ¿Cómo es su casa?

reading property descriptions

describing a home

enquiring about renting a property

looking round a house

## En España ...

there's significant demand from foreign buyers for **vivienda** *property*, both as an investment – as in **casas de vacaciones** *holiday homes* – and as a base for a new life in the sun.

Whether people want to rent or buy a **casa**, an **apartamento** in an **urbanización** *development* or a **chalet** *villa*, the range is huge: from the **piso céntrico** *flat in the centre of town* to the **chalet en la playa** *seaside villa*. Also in demand are **casas de pueblo** and **casas rurales** *town and country houses*, many of them full of character, and often sold **para restaurar** *to be restored*.

# Reading property descriptions

**CHALET ADOSADO DE NUEVA CONSTRUCCIÓN.** En primera línea de playa y a 15 min del campo de golf. Con amplias terrazas y magníficas vistas al mar Mediterráneo. Garaje, jardín con barbacoa, 3 dormitorios, 3 baños, cocina totalmente equipada y espacioso salón-comedor.
Precio: 485.000 €

**CASA DE PUEBLO PARA RESTAURAR.** Ofrecemos esta casa de pueblo de piedra para restaurar. Situada en lugar tranquilo, con preciosas vistas de las montañas. Dos plantas, 150 m², 3 ó 4 dormitorios, chimenea, cocina antigua. Balcones y bodega. Se vende con una parcela de 800 m².
Precio: 168.500 €

**Apartamento en la playa.** Urbanización moderna, a 2 min de la playa. 107 m² construidos, 2 dormitorios, dos baños, cocina, salón-comedor, piscina y jardines comunitarios. Garaje y trastero.
Precio: Contactar con la agencia.
Ref.: 12/345

¡Oportunidad de comprar **este piso dúplex de lujo**! 3 habitaciones. Gran terraza orientada al sur. Piso luminoso con cocina grande y sala de estar de 30m². Muy céntrico y bien comunicado, con fácil acceso a la estación de trenes. Tiene garaje, trastero, 2 baños (uno *ensuite* con jacuzzi) y aire acondicionado.
Precio: 380.000 €

¡Tu primera vivienda! *Ático* soleado de 60 m². Céntrico, 1 terraza con vistas, 1 dormitorio, cocina, salón. 5° piso con ascensor.
Precio: 220.000 €

**1** Look at the property profiles from the **agencia inmobiliaria** *estate agent's* and see how many of the words you know or can guess (think of English agents' terminology). Then work through the profiles systematically, consulting the glossary where you need to, and list:

   **a** five types of house
   **b** seven different rooms
   **c** five outside features
   **d** nine adjectives used to describe either the property or the location.

# Describing a home

**1** **1•44** Listen to the key language:

| | |
|---|---|
| ¿Me puede/n describir ...? | Can you describe ...? |
| ¿Cómo es ...? | What's ... like? |
| ... su casa? | ... your house? *(formal)* |
| ... tu/vuestra casa? | ... your house? *(informal)* |
| Es ... | It's ... *(description)* |
| Está ... | It's ... *(location)* |
| Tiene ..., Hay ... | It has ..., There is/are ... |

**2** **1•45** Listen as a) a couple with children, b) an elderly lady and c) a young man and his girlfriend are asked about where they live, and jot down a b or c by the words that describe their homes.

| chalet adosado | grande | bien comunicado |
|---|---|---|
| casa de pueblo | antigua | céntrico |
| ático | luminoso | reformada |
| estudio | de nueva construcción | pequeño |
| dúplex | moderno | espacioso |

**En español**

**Estar** is used to indicate where something is located:
**El piso está en el centro.** *The flat is in the centre.*

**Ser** is used to describe permanent characteristics:
**La casa es acogedora.** *The house is welcoming.*
**Es espaciosa y luminosa.** *It's spacious and light.* **G17**

**3** **1•46** Now decide which of these gaps in Señora Almeida's description of her house need **es** and which need **está**. Listen and check.

**Vivo en una casa de pueblo. ......** en un pueblo antiguo cerca de aquí. Mi casa **......** de piedra. **......** antigua pero reformada. **......** muy acogedora.

**4** **1•47** A couple describe their flat in more detail. Listen and decide:

**a** how many bedrooms and bathrooms there are;
**b** whether it has a garage and a garden;
**c** what facilities there are for children in the area.

# Enquiring about renting a property

**1** **1•48** Listen to the key language:

| | |
|---|---|
| **¿Dígame?** | Hello? *(answering the phone)* |
| **Se alquila ...** | To let ... |
| **¿A qué distancia está de ...?** | How far is it from ...? |
| **Está a ... de ...** | It's (time/distance) away from ... |
| **por habitación/semana** | per room/week |
| **¿Cuántos/Cuántas ...?** | How many ... (m/f pl) |

**2** Ian wants to stay in a rural setting near the sea, in walking distance of a village. He finds an advert for an old house in Asturias. Would it suit him? How much would it cost for two weeks in August?

---

SE ALQUILA ...

**La casa rural Los Picos** es una casa antigua de piedra recientemente reformada, con jardín y barbacoa, y excelentes vistas de las montañas. Está a 15 min. de la playa y a 2 km del pueblo. Capacidad para 5 personas. Aparcamiento para 3 coches.
**Planta baja:** amplio salón-comedor con chimenea. Televisión con pantalla de plasma y conexión a Internet. Cocina totalmente equipada.
**Primer piso:** dos dormitorios dobles, uno con baño incluido, y otro dormitorio individual. Baño completo.
**Precios (julio y agosto):** 250€ por habitación por semana.

---

Endings of adjectives have to agree with the noun they describe. Those ending in **-o** masculine change to **-a** with feminine nouns:
**un piso luminoso**     **una casa antigua**

Adjectives ending in **-e** are the same for m and f nouns:
**un dormitorio doble**     **una vista excelente**

Adjectives ending in **-o, -a** or **-e** add **-s** with plural nouns:
**dos casas antiguas con vistas excelentes**        **G5**

**3** **1•49** Ian decides to phone another **casa rural** – **El Mirón** – to compare the two. Jot down the answers to his questions.

**a** ¿Cuántas habitaciones tiene?    **d** ¿Tiene aparcamiento?
**b** Y ¿cuántos baños?    **e** ¿Qué tiene la cocina?
**c** ¿Tiene jardín?    **f** ¿A qué distancia está de la playa?

# Looking round a house

**1** **1•50** Listen to the key language:

| ¡Qué bonito/bonita! | How lovely (m/f)! |
|---|---|
| Aquí está .../Aquí tienen ... | Here is .../Here you have ... |
| Es muy .../un poco ... | It's very .../a little ... |
| ... bastante ... /tan ... | ... quite ... /so ... |

**2** **1•51** Brian and his wife want to buy a property in Spain. The estate agent shows them a **chalet**. Using the glossary if needed, fit the words in the box into the gaps, then listen and check.

- Bueno, aquí están la terraza y las vistas al mar.
- ¡Qué vistas tan ............!
- Aquí tienen la sala de estar.
- Es muy ............ Y con mucha luz.
- Aquí está la cocina, totalmente ............
  Miren, tiene vitrocerámica, frigorífico, lavavajillas, microondas, lavadora – bueno, de todo.
- Sí, sí, es muy ............
- Aquí arriba tienen tres dormitorios, y uno con baño *en suite.*
- Este dormitorio es bastante ............ y un poco ............
- Sí, pero mira éstos. ¡Son ............!

| |
|---|
| equipada |
| espaciosa |
| enormes |
| pequeño |
| completa |
| bonitas |
| oscuro *dark* |

> Endings of adjectives have to agree with the noun they describe, even when that noun isn't in the sentence:
> ¡Qué bonito! (el piso); ¡Qué bonita! (la casa) *How lovely!*
> Words like **bastante, muy, tan** and **un poco** are adverbs, and their endings don't change.
> **Es un poco pequeña.** *It's a bit small.* (la cocina)
> **Son bastante grandes.** *They're quite big.* (los baños, las casas) **G11**

**En español**

**3** **1•52** Listen out for the key words **cientos** *hundreds*, **mil** *thousands*, and write down how much these properties cost. See numbers, page 131.

- **a** Piso céntrico con plaza de garaje: ............
- **b** Magnífico chalet con parcela: ............
- **c** Apartamento de lujo en primera línea de playa: ............
- **d** Dúplex en nueva urbanización: ............

# put it **all together**

1   What's the Spanish for the areas of this house labelled a–h?

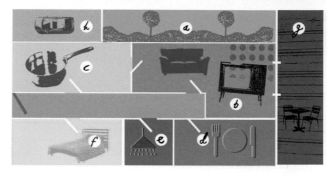

2   From the list of words find six pairs of opposite adjectives, i.e.
**grande**, **pequeño**. You're left with one word. What is it and
what does it mean in English?

| | | | | |
|---|---|---|---|---|
| amplio | moderno | luminoso | rural | pequeño |
| doble | oscuro | urbano | bodega | antiguo |
| para restaurar | reformado | individual | | |

3   Write in Spanish a profile of these two properties, of the kind
used to advertise places for sale or rent.

**a**

> **SE VENDE**  House built of stone, near the mountains.
> In need of restoration. Sunny terrace. Large garden and
> swimming pool. 3 bedrooms; 2 bathrooms, 1 en suite;
> garage for 2 cars. Magnificent views.

**b**

> **SE ALQUILA** beautiful 5th floor apartment, 500m from
> beach, 2 bedrooms, 1 bathroom. Central location, near
> shops and station. Fully equipped kitchen. Large sitting-
> dining room. Air-conditioning.

4   Now write a similar short description of your home.

# now you're talking!

**1**  **1•53** You're interested in hiring villa El Cortijo in Almería, and phone up for information.

- ● **El Cortijo, ¿dígame?**
- ◆ Say you'd like to rent a villa in Almería. Ask if he'll describe El Cortijo for you.
- ● **Es un chalet precioso, con piscina y jardín.**
- ◆ Ask how far away it is from the beach.
- ● **Bueno, la playa está a treinta kilómetros pero hay un Parque Natural a cinco kilómetros.**
- ◆ You really wanted something near the beach. Ask how many bedrooms there are.
- ● **Hay tres habitaciones. Pero tiene capacidad para diez personas.**
- ◆ And how many bathrooms are there?
- ● **Un baño en el primer piso.**
- ◆ Ask if there's a washing machine.
- ● **Sí, por supuesto.**
- ◆ Ask if there's a dishwasher.
- ● **No, no hay.**
- ◆ You're not too happy about this! Thank him and say goodbye.

**2**  **1•54** You decided against El Cortijo but found a house near the beach in Nerja. Someone you meet there asks you what's it's like.

- ● **¿Cómo es la casa?**
- ◆ Say it's a lovely modern villa with magnificent sea views.
- ● **¿Dónde está?**
- ◆ Say it's near the village and two kilometres from the beach.
- ● **¿Cuántas habitaciones tiene?**
- ◆ Say it has five double bedrooms.
- ● **¡Qué grande! ¿Y cuántos baños?**
- ◆ Say there are four, three en-suite.
- ● **¿Tiene jardín?**
- ◆ Say it has a small garden and a swimming pool. The garden has a barbecue.
- ● **Bueno, ¡pues que lo pasen bien en Nerja!**

# quiz

1. Where would you go in Spain for information on buying and renting property?

2. What sort of property is a **chalet adosado**?

3. Can you think of another word for **dormitorio**?

4. **Mi apartamento ...... cerca del mar. ...... luminoso.**
   **Es** or **está** to complete the sentence?

5. How would you say 'How lovely!' about a **casa rural**?

6. What is a **vitrocerámica** used for?

7. When talking to a couple you don't know well about their **chalet**, do you use **vuestro, vuestra** or **su**?

8. To say 'It's quite expensive' what word do you need in the gap? **Es .......................... caro**.

## Now check whether you can ...

- understand the key words in property descriptions
- make enquiries about renting a property
- describe your own home
- comment and pay a compliment on a house
- understand prices in hundreds and thousands of euros

Memory training techniques can be used to good effect when learning a language. Start with a simple sentence such as **Quisiera una casa en España** then add to it in small increments: **Quisiera una casa en España con piscina**, adding more as you mentally zoom in: **Quisiera una casa en España con piscina y una cocina grande ... y cuatro dormitorios ... y con vistas al mar ...** until you're describing your ideal property in detail and creating a substantial sentence in Spanish.

# Y además ... 2

1   Spain's 17 **Comunidades Autónomas** each have their own distinct
    character. Read the snippets of information below and see if you can
    match them to the numbered regions on the map.

a   Galicia está en el noroeste
    del país, encima de
    Portugal. Tiene cuatro
    provincias: A Coruña, Lugo,
    Orense y Pontevedra. Está
    en la costa atlántica y por lo
    general es una región muy
    verde. Es famosa por su
    cocina, especialmente los
    pescados y mariscos, y por
    sus vinos blancos Ribeiro
    y Albariño. La ciudad más
    importante es Santiago de
    Compostela.

b   Castilla León es una región situada en la mitad norte de España.
    Tiene provincias como Burgos, Salamanca, Segovia y la capital,
    Valladolid. Es una región agrícola y rica en cultura, castillos,
    monumentos romanos como el acueducto de Segovia y ciudades
    patrimonio como Salamanca. El clima es seco y extremo, con
    mucho calor en verano y mucho frío en invierno.

c   Aragón es una comunidad al noreste de España. Al norte de esta
    región están los Pirineos y Francia. Al este, está Cataluña. Tiene tres
    provincias: Huesca, Teruel y Zaragoza, la capital de la Comunidad
    Autónoma. El río Ebro atraviesa toda esta región. Hay muchos
    Parques Naturales y muchas estaciones de esquí.

d   Las Islas Canarias son islas en el Océano Atlántico, cerca de África.
    Sus islas, como Tenerife, son volcánicas y el Teide es el mayor
    volcán de España. La isla de La Gomera es un Parque Natural con
    fauna y flora únicas. El clima es excelente todo el año. Es un destino
    popular del turismo británico y del norte de Europa. Otras islas son
    Fuerteventura y La Palma.

**2** Kevin and Maite Murray are planning a self-catering walking holiday in Aragón with their two teenagers, and are looking online for a suitable house to rent. Read the information on these two and put a ✔ or ✘ against them, or **?** if no information is available.

| | | 1 | 2 |
|---|---|---|---|
| **a** | within reach of Ordesa National Park | | |
| **b** | modern property with modern facilities | | |
| **c** | quiet location | | |
| **d** | shops not too far | | |
| **e** | somewhere to eat outside | | |
| **f** | car parking | | |
| **g** | sleeps four comfortably | | |
| **h** | two bathrooms | | |
| **i** | fully equipped kitchen | | |
| **j** | heating (it can be cold in the mountains) | | |

**SE ALQUILA : CASA RIBERA.**
Casa rural de piedra a 30 km del Parque Nacional de Ordesa. En el centro del pueblo, con fácil acceso a tiendas. Casa cómoda con 4 dormitorios dobles y salón comedor con chimenea. Calefacción central. Dos baños completos. Cocina moderna equipada (microondas, lavadora, frigorífico). Jardín trasero con terraza soleada. Aparcamiento para un coche. Para reservar, contactar con ...

**SE ALQUILA : CASA MORETE.**
Magnífica casa rural de nueva construcción. Situada en el valle de Ordesa, con vistas de los Pirineos. Se pueden alquilar equipos de esquí. Muy cerca del pueblo. Jardín trasero grande. Casa con 3 dormitorios (dos con camas dobles y uno con dos camas individuales), todos con baño completo (uno con jacuzzi). Cocina ultramoderna (lavavajillas, vitrocerámica) con espacio para comer. Salón con TV de plasma y equipo de música. Conexión a Internet. Ref.

**3** The Murrays think Casa Morete would suit them best. They write to the **dueño** *owner*, asking for more information. See if you can read the letter without the glossary, then check the English translation on page 115. **Hemos visto** means *we have seen* and **Quisiéramos** is the **nosotros** form of **Quisiera**.

Sr. Lorenzo Calderón Morete
CASA MORETE, 09931 Torla,
Huesca, España
Maidstone, 25 de abril de 2007

Estimado Sr. Calderón:
Hemos visto el anuncio de su casa en Internet y estamos interesados en pasar diez días, del 1 al 15 del próximo octubre. Quisiéramos confirmación de lo siguiente: ¿tiene la casa aparcamiento o garaje?, ¿cuál es la tarifa para cuatro personas (mi esposa y yo y nuestros hijos de 15 y 17 años)?, ¿están el IVA y el seguro* incluidos en el precio?, ¿qué tiene la cocina?
Gracias por la información.
Atentamente,
Kevin Murray

*__el IVA y seguro__ = *tax (VAT) and insurance.*

**4** Using Kevin's letter as your model, write to el señor Calderón, saying:
- you and three friends would like to spend a week at the Casa Morete between July 28th and 4th August;
- you want to know if it's possible to hire bikes;
- you'd like to know if they have a family bedroom for a couple and a child (**una pareja y un niño**).

**5** El señor Calderón replies, answering questions and including this information about the kitchen facilities. Read it, check you know the words, then close the book and have a go at saying what's in your own kitchen, starting **Mi cocina ...**

La cocina es grande y está totalmente equipada: tiene vitrocerámica con horno eléctrico, frigorífico y congelador, microondas, lavavajillas, lavadora y secadora, cafetera eléctrica, tostadora ...

The words for *my, your* (tú) are **mi, tu** with singular words and **mis, tus** with plural words:

**mi cámara de fotos** *my camera*    **mis gafas** *my glasses*
**tu mochila** *your rucksack*    **tus guantes** *your gloves*

**su/sus** is *his/her/its/their* and also *your* (when using **Vd/Vds**):
**su casa, su coche** *his/her/their/your house, car*
**sus casas, sus coches** *his/her/their/your houses, cars*

Any confusion can be avoided by saying **el coche de Paco** etc.

Words expressing possession agree with what's owned rather than with the owner: **nuestro/a/os/as** is *our*; **vuestro/a/os/as** is *your* (vosotros):

**nuestro coche** *our car*    **nuestra casa** *our house*
**vuestros gorros** *your hats*    **vuestras botas** *your boots*  **G9**

**6** Maite is packing for the walking trip. She's checking off items on her list and sorting out what belongs to whom. What words does she need to complete the sentences?

  **a** Ah, aquí están (my) ...... **botas de andar.**
  **b** Kevin, ¿son éstas (your) ...... **gafas de sol?**
  **c** Éste es (his) ...... **chubasquero. Y éste es el mío.**
  **d** Dos gorros negros. Son (their) ...... **gorros.**
  **e** ¿Son éstos (her) ...... **guantes? No sé bien.**
  **f** Julia, (your) ...... **mochila es la grande, ¿no?**
  **g** Andrés, ¿es éste (your) ...... **MP3?**

Some items are jointly owned:

  **h** ¿Dónde está (your) ...... **cámara de fotos?**
  **i** No sé dónde ésta (our) ...... **brújula (compass).**

**7** See if you can guess what these public signs and notices mean, then use the glossary for any words you can't guess.

SE VENDE piso

NO SE PUEDE aparcar

SE ALQUILA casa

SE BUSCA casa rural

NO SE ADMITEN perros

SE HABLA español

SE PROHÍBE fumar

# He perdido el pasaporte

asking the way

... and following directions

explaining what's happened

reporting a problem

## En España ...

you're obliged to have your **documentos** (such as **pasaporte** or **DNI**) with you. If you lose these, or your **cartera** *wallet/purse*, **carné de·conducir** *driving licence*, **maletín** *briefcase*, **móvil** *mobile phone* or **portátil** *laptop*, you'll need to **hacer una denuncia** *make a report* to the police. Unless it constitutes an emergency – in which case you phone 112 – go to the nearest **comisaría** *police station* if you're in a major town, or to the **Guardia Civil**. If you lose something in a public place such as an airport or station, you can go to the **Oficina de objetos perdidos** *Lost Property Office*.

# Asking the way

**1**   **1•55** Listen to the key language:

| | |
|---|---|
| **Oiga, perdone.** | Excuse me. |
| **¿Dónde esta ...?** | Where is ...? |
| **Tenéis que tomar/coger ...** | You (pl) have to take  ... |
| **... la primera/segunda/tercera** | ... the first/second/third |
| **Id ..., Seguid ...** | Go ..., Follow/Carry on ... (pl) |
| **Cruzad ..., Coged ...** | Cross ..., Take ... (pl) |

**2**   **1•56** Tony and Elsa are looking for the **comisaría** to report the loss of Elsa's **pasaporte** and **carné de conducir**. First read the phrases, then listen to the directions they're given and tick off those you hear.

- **todo recto** *straight ahead*
- **la tercera calle a la izquierda** *the third street on the left*
- **al fondo/al final de la calle** *at the end of the street*
- **en dirección a la plaza** *towards the square*
- **hasta el semáforo** *as far as the traffic lights*
- **al otro lado** *to/on the other side*
- **la primera a la derecha** *the first on the right*

**En español**

Directions can be given by using **tener que** + infinitive: **Tenéis que girar a la derecha.** *You (pl) have to turn right.*

Or you can use the Imperative, formed:

- for **vosotros**, by replacing the final –r of the infinitive with **-d**:
  **cruzad     coged     seguid**

- for **tú** by removing the final **-s** of the **tú** form of the present tense:
  **cruza     coge     sigue**

**ir** is irregular: **ve/vete** (sing) and **id** (plural).     **G29**

**3**   **1•56** Listen again to the directions they were given: did you catch the words that were used to say: go straight on to the lights; cross to the other side of the square; take Avenida Barcelona?

**4**   **1•57** Listen as Tony has a go at recapping the directions and compare his summary with the original. Does he get it right?

# ... and following directions

**5** **1•58** Listen to the key language:

| | |
|---|---|
| **Cruza ..., Sigue ..., Vete ...** | Cross ..., Follow/Carry on ..., Go ... (**tú**) |
| **¿Se va por aquí a ...?** | Is this the way to ...? |
| **Podéis coger un autobús.** | You can take a bus. |
| **ahí mismo** | right there |
| **Tenéis que bajar ...** | You have to get off ... (bus/train) |

**6** **1•59** Tony needs to **sacar dinero** *withdraw some cash* on the way, and he asks a young passer-by for the nearest **cajero automático** *cash point*. Listen and find it on this map.

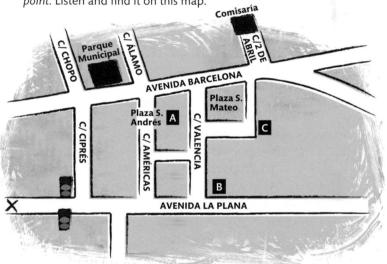

**7** **1•60** After finding the bank, they set out again to find the **comisaría**, but after a while they have to admit they're lost. This time it's Elsa who asks the way. Listen to the directions she's given and see if you could translate them into English to ensure they get there.

**a** The police station is a ............ minute walk away.
**b** They can catch the number ............ bus.
**c** The bus stop is .............................
**d** They need to get off at the stop after .................... Square.
**e** The police station is .......................................

# Explaining what's happened

**1**  1•61 Listen to the key language:

| | |
|---|---|
| **¿Qué ha pasado?** | What's happened? |
| **He perdido ...** | I've lost ... |
| **... el carné de conducir** | ... my driving licence |
| **¿Has mirado bien?** | Have you looked properly? |
| **¿Has ido a ...?** | Have you been to ...? |
| **¿Has puesto una denuncia?** | Have you reported it? |

**2**  1•62 Elsa phones their friend Carlos to cancel the lunch they'd planned. Listen, then fit the verbs in their right places. **Contigo** means *with you*.

- ● **¿Dígame?**
- ◆ **Hola Carlos, soy Elsa. Lo siento, pero no podemos comer contigo hoy.**
- ● **¿Por qué? ¿Qué ...... ...............?**
- ◆ **Es que ...... .............. mis documentos: el pasaporte y el carné de conducir.**
- ● **¿ ...... ...............a la comisaría? ¿ ...... ...............una denuncia?**
- ◆ **Sí, ahora vamos a la comisaría en autobús.**
- ● **¿ ...... .............. bien en tu bolso?**
- ◆ **Sí, pero no están ahí. Bueno, tengo que irme. Nos vemos mañana.**

> has mirado
> has ido
> ha pasado
> has puesto
> he perdido

**En español**

To say what you <u>have done</u>, you use **haber** *to have*.

| (yo) | he | (nosotros/as) | hemos |
|---|---|---|---|
| (tú) | has | (vosotros/as) | habéis |
| (él/ella, Vd) | ha | (ellas/ellos, Vds.) | han |

**Haber** is followed by the past participle (pp) formed by changing:

| | | |
|---|---|---|
| -ar ▸ -ado | **mirar** *to look* | pp **mirado** *looked* |
| -er ▸ -ido | **perder** *to lose* | pp **perdido** *lost* |
| -ir ▸ -ido | **ir** *to go* | pp **ido** *gone/been* |

Some past participles are irregular. Common ones include:
**hacer** *to do* ▸ **hecho**, **ver** *to see* ▸ **visto**, **poner** *to put* ▸ **puesto**.  **G22**

**3**  1•63 Another friend, Ana, rings Elsa on her mobile. Listen and work out why Tony's annoyed with Elsa.

# Reporting a problem

**1** **1•64** Listen to the key language:

| | |
|---|---|
| Tomé ... , Encontré ... | I took ..., I found ... |
| No ví ... | I didn't see ... |
| Salí ..., Abrí ..., Volví ... | I left ..., I opened ..., I returned ... |
| Fui al servicio. | I went to the toilet. |
| Yo los perdí. | I lost them. |
| Siéntese aquí. | Sit down here. |

**2** **1•65** At the **comisaría**, **el policía** *police officer* takes a statement from Elsa and asks her to **rellenar el formulario** *fill in the form*. When you've listened to the interview, put the events in the order Elsa said them.

◻ Abrí el bolso para comprar el billete.
◻ Fui a la estación de metro.
◻ No los encontré.
◻ Luego fui al servicio.
◻ Tomé la cartera.
◻ No vi ni mi pasaporte ni mi carné de conducir.
◻ Salí del hotel a las nueve.
◻ Volví al hotel.

---

To say what you <u>did,</u> you use a tense called the simple past. To say *I left, I lost,* etc. you change:

| | | |
|---|---|---|
| -ar ▸ -é | tomar | tomé *I took* |
| -er ▸ -í | perder | perdí *I lost* |
| -ir ▸ -í | abrir | abrí *I opened* |

**Perdí la cartera.** *I lost my wallet.*
**Volví al hotel.** *I returned to the hotel.*

The irregular simple past of **ir** is **fui** *I went*:
**Fui a la comisaría.** *I went to the police station.*

**G24**

*En español*

---

**4** Now describe how you lost your bag:

**a** you went to a restaurant and then you went to the toilet,

**b** when you came back you couldn't find your bag.

# put it all together

**1** Which one of these would you use:

> ¿Qué ha pasado?

> ¿Se va por aquí a ...?

> No fui a la comisaría.

> Girad a la derecha.

> ¿Has mirado bien?

> Hemos puesto una denuncia.

**a** to ask your friend if he has searched properly.
**b** to say that you didn't go to the police station.
**c** to say that you've reported it (to the police).
**d** to give directions in the street.
**e** to check if this is the right way to ...
**f** to ask what's happened.

**2** Using the verbs from the box, how would you say in Spanish:

**a** Have you seen my laptop? (**tú**)
**b** I've lost my wallet and mobile phone.
**c** She has looked everywhere.
**d** Have you filled in the form? (**usted**)
**e** We haven't gone out yet. (**todavía** *yet*)

| perder |
|--------|
| salir |
| rellenar |
| mirar |
| ver |

**3** Claudia e-mails Agustina saying what she did **la semana pasada** *last week*. Change the verb in brackets to the simple past (**yo**), then write in English what Claudia did in Andalucía.

La semana pasada (ir) ............ de vacaciones a Andalucía. (viajar) ............ a muchos lugares importantes y (visitar) ............ Córdoba y Granada. En Granada (comer) ............ en un restaurante típico y luego (ir) ............ a visitar la Alhambra. (Pasar) ............ mucho tiempo allí y luego (volver) ............ al hotel. Por la noche (cenar) ............ a las diez de la noche. ¡Qué tarde!

# now you're talking!

1   **1•66** You and your partner are in a town in Spain and need to go to **el Ayuntamiento** *Town Hall* to get an official document.

- Stop a man in the street and say 'Excuse me'.
◆ **Sí, dígame.**
- Find out where the Town Hall is.
◆ **Está en la Plaza Mayor.**
- You set off, thinking you know where the Plaza Mayor is, but soon get lost. Stop a woman and ask if you're going the right way to the Plaza Mayor.
◆ **Sí, es por aquí. Está bastante cerca. Seguid por esta calle hasta el semáforo, luego cruzad y coged la segunda a la derecha. La plaza Mayor está al final de la calle. Está claro, ¿verdad?**
◆ Say yes, it's very clear and thank her.

2   Now repeat for your partner the directions to Plaza Mayor, starting **Tenemos que ...**

3   **1•67** It's Saturday and Marcos del Río, a Spanish colleague, has left you a message saying there's an urgent problem, so you ring him. You know him well so use **tú**.

- **¿Sí?**
◆ Say hello to Marcos and ask him what's happened.
- **He perdido mi móvil.**
◆ Ask him if he has looked properly in the office.
- **Sí, sí. No está allí.**
◆ Ask him if he has reported it.
- **Sí, fui a la policía esta mañana, pero lo perdí ayer. Después del trabajo fui con Luisa al restaurante ...**
◆ Tell him he has probably (**probablemente**) left the mobile there. (**dejar** *to leave something*)
- **Seguramente.** (*Most likely*)

# quiz

1  If you lost something in a station in Spain, what sign would you look for?

2  Spot the odd one out: **portátil**, **cartera**, **móvil**, **denuncia**, **maletín**.

3  If you hear **cruza la calle**, is the person talking to one person or more than one?

4  To tell someone to go 'as far as' the traffic lights, what word do you need here: .............. **el semáforo?**

5  You know what **volver** and **mirar** mean, so how would you tell two friends 'Go back. Look in the hotel'?

6  What does someone saying **¿Qué ha pasado?** want to know?

7  If you came across some new words ending in **-é**, what would you expect the infinitive to end in?

8  How would you tell somebody in Spanish: 'Last week I went on holiday to Colombia.' ?

## Now check whether you can ...

- ask the way and follow directions
- check that you're going the right way
- talk about having to do something
- say what you and other people have done
- say what you did

You're half way through *Talk Spanish 2*: a good time to bring together some of the language from the five units you've covered. For example:

- say what time you ate **ayer** *yesterday* using the simple past tense of **desayunar** *to have breakfast*, **almorzar** *to have lunch*, **cenar** *to have dinner/supper* or simply using **comer**.
- starting with **Hoy he visto ...**, list as many things you've seen today as you can.
- starting with **Ayer fui ...**, make up a sentence saying where you went yesterday and what you did.

# ¿Adónde fuiste?

talking about going on holiday

... and about past holidays

describing a weekend away

... and at home

## En España ...

people traditionally spend their holidays in the countryside, although nowadays more young people travel abroad. With its variety of **costas** *coasts*, **climas** *climates*, its **sistemas montañosos** *mountain ranges* and wide diversity of **atracciones** *attractions*, there's something to suit almost everyone. The majority of Spaniards take their holidays during August, when most official places are closed, as are a lot of factories and offices. In the summer each city, town and village holds its **fiesta patronal** *local festival* when local **tradiciones** *traditions* are celebrated.

# Talking about going on holiday

**1** **2•1** Listen to the key language:

| | |
|---|---|
| **¿Adónde vas/va a ir ...** | Where are you going to go ... |
| **... de vacaciones?** | ... on holiday? |
| **¿Qué vais/van a hacer ...** | What are you going to do ... |
| **... este verano?** | ... this summer? |
| **Voy a visitar Galicia.** | I'm going to visit Galicia. |
| **Vamos a la playa.** | We're going to the beach. |

**2** **2•2** As part of a **sondeo** *survey*, people are asked where they're going on holiday and what they're going to do. Read the list of replies, then listen and note which five you hear.

**a** Voy con mis amigos a una casa rural en Asturias.
**b** Vamos a viajar al extranjero, probablemente a Francia.
**c** Vamos al Pirineo aragonés.
**d** Vamos unos días a la playa.
**e** Voy a visitar Galicia con mi familia.
**f** Este verano tengo que estudiar. No voy a ir de vacaciones.
**g** Voy a casa de mis abuelos en Castilla.

---

**En español**

**Ir** *to go* is used very much as in English, either to talk about going to a place:

**Voy a Mallorca.** *I'm going to Mallorca.*

or with **a** and an infinitive to say what you're going to do:

**Mi hijo va a esquiar.** *My son's going skiing.*

**Vamos a visitar Burgos.** *We're going to visit Burgos.*

**¿Cuándo vais a volver?** *When are you going to return?*  **G20**

---

**3** **2•3** Here's the full reply from one of the people who took part in the **sondeo**. Listen then fill in the gaps with the right form of **ir**.

● Perdone, ¿adónde ............ a ir usted de vacaciones este verano?

◆ Mire, ............ a ir a Estados Unidos a un Congreso. Luego mi familia ............ a visitarme y todos juntos ............ a ir de vacaciones a California. ............ a pasar una semana en San Francisco.

# ... and about past holidays

**4** 2•4 Listen to the key language:

| | |
|---|---|
| ¿Adónde fuiste/fue ... | Where did you go ... |
| ... el año/mes pasado? | ... last year/month? |
| Fui a ..., Fue a ... | I went, He/She went to ... |
| ¿Cuánto tiempo pasaste? | How long did you spend ...? |
| Llegó ..., Viajó ... | He/She arrived ... , travelled ... |
| Visitó ..., Conoció a ... | He/She visited ..., met ... |
| Volvió ... | He/She returned ... |

**5** 2•5 Marina meets Sara in the street, having not seen her for several months. Read the conversation and try to fill in the blanks from the box below. Then listen and check.

| volví | llegué |
|---|---|
| visité | conocí |
| viajé | |

- Oye, ¿adónde fuiste el año pasado?
- ◆ Fui a Costa Rica para visitar a mi abuela.
- ¡Fantástico! ¿Y cuánto tiempo pasaste allí?
- ◆ Seis semanas. ............ a San José en junio y ............ por todo el país. ............ muchos sitios interesantes, sobre todo los Parques Nacionales, que son impresionantes, y ............ a mucha gente. ............ a España a principios de agosto.
- ¡Vaya vacaciones!  ¡Qué suerte!

To talk about where you or someone else went and what you did, you use the simple past tense. Here are the regular endings:

| | -ar verbs | -er/-ir verbs |
|---|---|---|
| (yo) | -é | -í |
| (tú) | -aste | -iste |
| (él/ella, Vds) | -ó | -ió |
| (nosotros/as) | -amos | -imos |
| (vosotros/as) | -asteis | -isteis |
| (ellos/ellas, Vds) | -aron | -ieron  G24 |

**En español**

**6** Marina tells Carlos about Sara's trip.  Can you fill in the blanks?

**Fue a Costa Rica en junio y ............ por todas partes. ............ muchos sitios interesantes y ............ a mucha gente. ............ a España en agosto.**

# Describing a weekend away

**1** **2•6** Listen to the key language:

| | |
|---|---|
| **¿Qué tal el fin de semana?** | How was your weekend? |
| **Lo pasé/pasamos muy bien.** | I/We had a very good time. |
| **¿Qué hiciste/hicisteis …** | What did you (sing/pl) do … |
| **… ayer?** | … yesterday? |
| **… el fin de semana pasado?** | … last weekend? |
| **Compramos …, Comimos …** | We bought …, ate …, |
| **Volvimos …** | We returned … |

**2** **2•7** Lucas and Paula visited a medieval village. Before listening, read the jumbled events and put them in the order you think they occurred.

**a  Aparcamos fuera del pueblo.**     **e  Caminamos por el pueblo.**
**b  Volvimos sobre las siete de la tarde.**     **f  Subimos a pie al castillo.**
**c  Compramos productos artesanos.**     **g  Comimos una paella.**
**d  Salimos pronto por la mañana.**     **h  Hicimos muchas fotos.**

**En español**

Some very common verbs are irregular in the simple past. Note that the verbs **ir** and **ser** are the same:

| | ir/ser | estar | hacer |
|---|---|---|---|
| (yo) | fui | estuve | hice |
| (tú) | fuiste | estuviste | hiciste |
| (él/ella, Vd) | fue | estuvo | hizo |
| (nosotros/as) | fuimos | estuvimos | hicimos |
| (vosotros/as) | fuisteis | estuvisteis | hicisteis |
| (ellos/ellas, Vds) | fueron | estuvieron | hicieron |

G24

**3** **2•8** Three people are talking about recent weekend breaks. As you listen, can you work out what they did and when? Listen out for **una exposición** *an exhibition* and **jugar al golf** *to play golf*.

| | ¿Qué hicieron? | ¿Cuándo? |
|---|---|---|
| **Martín y Yolanda** | | |
| **Mercedes y sus amigos** | | |
| **Óscar y su mujer** | | |

# ... and at home

**4** **2•9** Listen to the key language:

| | |
|---|---|
| Te llamé el sábado. | I phoned you on Saturday. |
| Te dejé un mensaje. | I left you a message. |
| Ayudé a mis padres ... | I helped my parents ... |
| ... a cambiarse de casa. | ... move house. |
| No vi a nadie. | I didn't see anyone. |
| ¿No saliste? | Didn't you go out? |
| Fue muy aburrido. | It was very boring. |

**5** **2•10** Marina meets her friend Abel for lunch on Monday and they talk about their weekends. First, check any new words in the glossary. Then listen and say who did what. **Vino Arturo** means *Arthur came*.

| | Marina | Abel |
|---|---|---|
| No vio a nadie el domingo. | | |
| Ayudó a sus padres. | | |
| Se quedó en casa el sábado. | | |
| Limpió la casa. | | |
| Salió un poco. | | |
| Trabajó en el ordenador. | | |
| No hizo nada especial. | | |
| Mandó e-mails. | | |
| Escuchó música. | | |
| Lavó y planchó | | |

> With verbs such as **llamar** *to call/phone*, **ayudar** *to help*, **ver** *to see*, **visitar** *to visit* and **conocer** *to meet* you add an **a** before the person or people being phoned, helped, etc. that is not translated into English. **Llamé a mi abuela.** *I phoned my grandmother.* **G35**

**6** Abel asked his English friend Helen how her weekend went. This is what she did. How would she say it in Spanish?

- I stayed at home and worked on the computer;
- I sent an e-mail to Max and I phoned my parents.
- I cleaned the house and listened to the radio (**la radio**).

# put it all together

1   Fill in the gaps with the right form of the present tense of **ir**.

    **a** Lucio, ¿adónde ............ a ir de vacaciones este año?
    **b** Mi jefe ............ a viajar dos semanas a los Estados Unidos.
    **c** Mi familia y yo ............ a visitar a unos amigos en Australia.
    **d** Señora, ¿ ............ (Vd) a tomar el avión o el tren para Sevilla?
    **e** (vosotros) ¿ ............ a ver la última película de James Bond?
    **f** No ............ a ir al concierto. No me gusta la música rock.
    **g** Ramiro y Claudia se ............ a cambiar de casa esta semana.

2   Rewrite these sentences in the simple past at the time shown.

    **a** Limpio la casa y plancho. (yesterday)
    **b** Juan va a la estación para tomar el tren a las nueve. (last week)
    **c** Estamos de vacaciones en Tenerife. (last summer)
    **d** ¿Qué haces este fin de semana? (last weekend)

3   Fill the gaps with the correct forms of the verbs from the box.

> Hola Mariano
> Saludos desde Guatemala. ............ el sábado pasado, después de un largo viaje. El domingo ............... a Chichicastenango, una ciudad colonial en las montañas. . ............ del hotel a las seis de la mañana y ............... a las tres de la tarde. ............... la ciudad, ............... muchas cosas en el mercado indio e ............ muchas fotos. Todo muy bonito. Hasta pronto. Carmen.

| llegar | ir | salir | volver | visitar | comprar | hacer |
|--------|----|----|--------|---------|---------|-------|

4   Describe, in Spanish, a day of your holiday or a weekend with a friend or partner and say when you left, where you went and what you did. Include what you ate and when you returned.

# now you're talking!

**1**  2•11 You're going to talk about your holiday plans this year.

- ● Señores, ¿van a ir de vacaciones este año?
- ◆ Say yes, you're going to the beach in Galicia.
- ● Una región preciosa. ¿Se van a quedar en un hotel?
- ◆ Say no, you're going to stay in your apartment in Pontevedra.
- ● ¿Cuánto tiempo van a estar?
- ◆ Say you're going to be there for four weeks.
- ● ¡Un mes! ¡Qué suerte!

**2**  2•12 And now last year's holiday.

- ● ¿Fuiste de vacaciones?
- ◆ Say yes, you went to the Sierra Nevada. You went with friends.
- ● ¿Qué hicisteis?
- ◆ Say you (meaning you and your friends) went skiing.
- ● ¿Cuánto tiempo estuvisteis?
- ◆ Say you were there for ten days and you really enjoyed it.

**3**  2•13 A colleague asks you about your weekend..

- ● ¿Qué tal el fin de semana, Teo?
- ◆ Say you didn't do anything special. It was very boring.
- ● ¿No saliste?
- ◆ Say you went out on Saturday but stayed at home on Sunday.

**4**  2•14 Now you ask your elderly neighbour some questions.

- ◆ Ask where she went on holiday last summer.
- ● Fui a Hungría y a la República Checa tres semanas.
- ◆ Ask her if she went by plane.
- ● No, fuimos en coche. Una bonita experiencia.

**5**  How would you reply to these questions?

- ● ¿Dónde vas de vacaciones este año?
- ● ¿Qué hiciste en las vacaciones el año pasado?
- ● ¿Qué tal el fin de semana?

# quiz

1 How would you ask someone how their weekend was?

2 If you hear **Fui al extranjero**, where did the person go?

3 Which is the odd one out: Galicia, Asturias, Castilla, Pirineo, Andalucía?

4 To ask two friends where they're going on holiday, do you need **vas**, **vais**, **va** or **van**?

5 **Tuve** (from **tener**) means *I had,* and **tuvimos** is *we had.* **Puse** (from **poner**) is *I put,* so what would *we put* be?

6 **Antonio limpió, lavó, planchó.** What type of work did he do?

7 If someone answers **Estuve dos semanas allí.** What was the question?

8 What's missing in the sentence **El sábado vi … Ana**?

# Now check whether you can …

- say what you and other people are going to do
- talk about holiday plans: where you're going and who with
- talk about past holidays: say where you went and describe what you did
- say what you did at the weekend
- describe what you did around the house

Now that you know how to talk about the past, you could either keep a simple diary in Spanish or talk (to yourself or anyone who'll listen and understand!) about what you've been doing. Keep it simple and repetitive at first, sticking to **Fui** and using verbs like **salir**, **llegar**, **volver**, **hacer**, **jugar**, etc. with the time of day. Note that with the **yo** form of **llegar** and **jugar**, you add a **u** after the **g** to keep the soft **g** sound: **llegué**, **jugué**.

# Y además ... 3

1 Roberto is looking for a job in tourism. Read these **anuncios de trabajo** *job adverts* and familiarise yourself with the vocabulary.

    **a** Which advert wants someone to work on a cruise ship?
    **b** Which in a travel agency?
    **c** Which is an advert for a tourist guide?

---

**1**

Operador de viajes internacional busca GUÍA TURÍSTICO para Egipto y Jordania. Persona entre 25-35 años, culta, con capacidad de relacionarse con la gente. Idiomas: inglés y árabe. Se ofrece formación. Trabajo en equipo. Buen salario y condiciones. Enviar CV a ...

---

**2**

**¿QUIERES TRABAJAR EN UN CRUCERO?** Trabajo emocionante y creativo. Idiomas: inglés y japonés. Relaciones públicas con clientes y organizador de eventos. Contrato de seis meses. Viajes a Suramérica y la Antártida. Excelentes condiciones económicas. Interesados llamar al 699 67899, indicando referencia 91-0989.

---

**3**

**SE BUSCA**
Persona con experiencia para trabajar en una AGENCIA DE VIAJES. El candidato tiene que hablar inglés y francés y saber informática. El trabajo consiste en atender a los clientes por teléfono y hacer reservas. Persona dinámica y amable. Interesados enviar CV a ... Ref.: 02-987

---

2 Using phrases from these adverts and words you know already, write an advert for a job in an estate agent's in the centre of Málaga. The ideal person would be dynamic, aged between 35 and 45, have experience, get on with people, speak English and German and have IT skills. Driving licence necessary. Good salary.

3   Roberto decides to apply for one of the three jobs. Read his CV and
    decide which job he's best qualified to apply for.

# Currículum vitae

Nombre: Roberto Viñero Peña

Edad: 24 años

Dirección: C/ Lugo, 24, 3° B

          27845 Teruel

robertovinero@telexo.com

## ESTUDIOS REALIZADOS

Graduado en Turismo e Idiomas por la Universidad de Zaragoza.
Estudios de inglés y alemán en la Escuela Oficial de Idiomas.

## EXPERIENCIA LABORAL

Representante del operador de viajes TOURAVINA en
Alemania, Suiza y Japón durante dos años.

## IDIOMAS

Inglés y alemán (fluido), japonés (nivel intermedio).

## INTERESES Y AFICIONES

Esquiar, hacer windsurf y vela.

4   Roberto is preparing himself for a job interview. How will he answer
    the following questions? Write the answers as if you were Roberto.

    a  ¿Qué estudios realizó en la universidad? ¿Dónde se graduó?
    b  ¿Qué idiomas habla? ¿Dónde los aprendió?
    c  ¿Ha trabajado antes en el sector del turismo? ¿Qué hizo?
    d  ¿Ha trabajado en Suramérica?
    e  ¿Cuáles son sus intereses?

5   If you were thinking of looking for a job in Spain, what would you say
    about yourself and your past experiences? You could use some of the
    verbs in the box below.

    | | | | |
    |---|---|---|---|
    | ir | estudiar | hablar | visitar |
    | trabajar | hacer | viajar | interesar |

To talk about the weather, you can use the following expressions:

- **Hace** (past form **hizo**) followed by **frío** *cold*, **calor** *hot*, **viento** *windy*, **sol** *sunny:* **Hace mucho frío.** *It's very cold.* **Hace viento.** *It's windy.*

- **Hay** (past form **hubo**) followed by **niebla** *fog*, **tormentas** *storms*, **chubascos** *showers:* **Hay un poco de niebla.** *It's a bit foggy.*

- **Es** (past form **fue**) followed by **bueno** *good*, **agradable** *pleasant*, **seco** *dry:* **El clima en el sur es muy agradable.** *The weather in the south is very pleasant.*

Other verbs: **llueve** (past form **llovió**) *it rains/it's raining*, **nieva** (past form **nevó**) *it snows/it's snowing*.

To emphasise a particular weather condition you can use ¡Qué ...! **¡Qué calor hace!** *How hot it is!* **¡Qué frío!** *How cold it is!*

**6** Roberto has been researching Chile, where his new job will be based. Read the extract and complete with the words from the box. **No traiga** is the negative imperative of **traer** *bring*. **Ropa de abrigo** is *warm clothes*.

| hace | es | verano | hay | son | llueve | tiene | hace |
|------|-----|--------|-----|-----|--------|-------|------|

Chile es un país muy largo y tiene diferentes regiones climáticas. En el norte del país hay regiones desérticas donde ............ mucho calor y ............ muy poco. En el extremo sur del país, Chile ............ clima polar y las temperaturas ............ muy bajas.

**Para los visitantes de Punta Arenas:**

Si usted viaja a Punta Arenas, en el sur de Chile, venga con buena ropa de abrigo porque aquí siempre ............ mucho frío, en invierno y en ............ Enero es el mes más húmedo y a veces ............ niebla. La temperatura media en invierno ............ de 2°C.

No traiga mucho equipaje porque los barcos son pequeños.

**7**   A friend with whom you chat online has asked you about the weather in your region. You can start your sentences with:

- **El clima de mi región es ...**   • **En verano ...**   • **En invierno ...**

**8**   Roberto is now based in Punta Arenas, from where the cruises leave. He writes a long postcard to his friend Jorge describing his second cruise to the Antarctic. Look up in the glossary any words you don´t know.

¡Hola Jorge!

Saludos desde el sur del planeta. Ha pasado ya un mes, ¡qué rápido! Este lugar es otro mundo...

La semana pasada terminé mi segundo crucero por la Antártida, en un barco con 86 pasajeros. Salimos de Punta Arenas y duró quince días. Visitamos muchas islas pequeñas con estaciones biológicas y climáticas. Vimos muchos icebergs y glaciares. También vimos muchos animales marinos, pingüinos, ballenas... El tiempo fue frío, pero hizo mucho sol.

Mi trabajo no fue difícil. Ayudé a los pasajeros en el barco, acompañé a un grupo pequeño a una isla y preparé una fiesta para todos los pasajeros. Fue un viaje maravilloso.

Estoy muy contento. Voy a volver a España dentro de tres meses.

Un abrazo,
Roberto

How long has Roberto been in Chile? How long did the last cruise last? Did he enjoy the experience?

**9**   You are Jorge and are writting an e-mail to Clara, a mutual friend, to tell her Roberto´s news. Follow the prompts.

¡Hola Clara!
**Ayer recibí una larga postal de Roberto.**

- say that Roberto worked on his second cruise last week.
- say what he visited and what he saw
- say what the weather was like
- say what Roberto's job consisted of
- say when he is coming back to Spain

# ¿Qué tal me queda?

shopping for clothes

... and shoes and bags

expressing your opinion

... and making comparisons

## En España ...

to shop for clothes you can go to a **tienda de ropa** *clothes shop* or **tienda de moda** *fashion shop,* or to **los grandes almacenes** *department store.* To help you buy what you want, it's useful to know words like **un pantalón** *trousers,* **unos vaqueros** *jeans,* **una falda** *skirt,* **un top,** **un jersey** *sweater,* **una camisa** *shirt,* **una corbata** *tie.*

When you ask for something in a shop, you can start with **Quiero, Quería** or **Quisiera,** all of which mean *I'd like.* These three words all come from the verb **querer: quiero** is the most direct, though not impolite, and **quisiera** the most formal.

# Shopping for clothes

**1**  **2•15** Listen to the key language:

| Quería/Quiero ... | I'd like ... |
|---|---|
| **de lana/de piel** | (made of) wool/leather |
| **la talla cuarenta** | size 40 |
| **Estoy buscando ...** | I'm looking for ... |
| **Sólo estoy mirando.** | I'm just looking (browsing). |

**2**  **2•16** First, check the names of the clothes on page 67 and get familiar with the words in the boxes below. Then listen to six short dialogues and jot down in English what each customer is buying.

| **blanco** white | **negro** black | **gris** grey | **verde** green |
|---|---|---|---|
| **amarillo** yellow | **azul** blue | **rojo** red | **marrón** brown |

| **algodón** cotton | **lana** wool | **lino** linen |
|---|---|---|
| **cachemir** cashmere | **piel** leather | **seda** silk |

| | **prenda** garment | **color** colour | **tejido** fabric | **talla** size |
|---|---|---|---|---|
| **a** | | | | |
| **b** | | | | |
| **c** | | | | |
| **d** | | | | |
| **e** | | | | |
| **f** | | | | |

**En español**

To talk about something that's taking place right now, you use **estar** + the *-ing* form of the verb (gerund). The ending for **-ar** verbs is **-ando**; for **-er** and **-ir** verbs it's **-iendo**.

| **mirar** to look (at) | **estoy mirando** I'm looking |
|---|---|
| **comer** to eat | **está comiendo** he/she's eating | **G18** |

**3**  **2•17** Listen to two friends out shopping as they talk to the assistant.

**a** What are they looking for? What colour?      **b** How much is it?

# ... and shoes and bags

**4** **2•18** Listen to the key language:

| | |
|---|---|
| Quisiera probarme ... | I'd like to try on ... |
| ¿Qué número tiene? | What size (shoes) do you take? |
| Los tenemos en negro. | We have them in black. |
| Quiero cambiarlo. | I'd like to change it. |
| Lo quiero cambiar. | I'd like to change it. |

**5** **2•19** In a shoe shop a customer has seen some **botines** *ankle boots* she likes and wants to try them on. Listen and jot down:

- what size she takes;
- what size they have in stock;
- what colour she's offered.

> **¿Quiere probárselos?**
> *Would you like to try them on?*

**6** Using the glossary, read this advert for **una bolsa de viaje** *travel bag* and underline the adjectives used to describe it. What's the Spanish for *zip*, *pocket* and *wheels*?

> **Bolsa de viaje con ruedas**, de excelente calidad, ligero y resistente. Asas de piel. Tamaño 55cm x 40cm x 28cm. Tiene dos compartimentos interiores y dos bolsillos exteriores. Cierres de cremallera. Fabricada en poliéster, tejido impermeable. Colores: rojo y negro. Precio: 128€.

**7** **2•20** Listen as a customer returns a bag to the shop because something's broken (**está roto**).

   **a** Note in English when he bought it and what's wrong with it.
   **b** Note in Spanish how he says he wants to change it.

# Expressing your opinion

**1**  **2•21** Listen to the key language:

| | |
|---|---|
| ¿Qué pensáis de ...? | What do you (pl) think of ...? |
| ¿Qué tal me queda? | Does it suit me? |
| Éste/Ésta me parece ... | This one (m/f) seems ... |
| Ése/Ésa es ... | That one (m/f) is ... |
| más .../demasiado ... | more .../ too ... |
| Creo que prefiero ... | I think I prefer ... |

**2**  **2•22** Javier needs to buy an outfit as best man at a wedding. He gets help from his girlfriend Yoli and sister Aurelia. Listen and tick the items you hear.

chaqueta   camisa   pantalón   zapatos   cinturón   traje

---

In phrases like *this one* or *those black ones*, *one* isn't translated.

When used in this way, the words for *this* and *that* have an accent:

**¿Qué traje? ¿Éste o ése?** *Which suit? This one or that one?*   **G10**

**Me gustan estas botas.** *I like these boots.* **Prefiero ésas.** *I prefer those.*

---

**3**  **2•22** Listen again then fill the gaps with the right word for *this* or *that*, remembering to include the accent when it's needed.

**J**  ¿Qué pensáis de ......... traje?

**Y**  A mí ......... me parece demasiado clásico, bastante anticuado.
......... es más moderno.

**J**  Sí, es verdad. ¿Qué tal me queda?

**A**  No está mal, pero la chaqueta es un poco larga.

**Y**  ......... dos pantalones te quedan muy bien.

**J**  Creo que prefiero ......... . Y necesito una camisa.

**A**  ......... camisa blanca es preciosa.

**J**  Pero me queda un poco pequeña. Necesito una talla más grande.
Y una corbata. ¿Os gusta ......... azul?

**Y**  Sí, ........... está bien. Bueno, ahora los zapatos. ......... zapatos
negros. Ah, ¿y qué tal ......... cinturón?

# ... and making comparisons

**4**   2•23 Listen to the key language:

| ¿Cuál le gusta más? | Which one do you like best? |
|---|---|
| El rojo es más llamativo ... | The red one's more striking ... |
| ... que el beis. | ... than the beige one. |
| Me queda mejor. | It suits/fits me better. |
| ¡Es carísimo! | It's really expensive! |
| No sé ... | I don't know ... |

**5**   2•24 It's Yoli's turn to shop. She's found two dresses and she and
Aurelia are discussing them while the **dependiente** *shop assistant*
hovers. Listen then summarise in English what Yoli thinks of each dress.
Does she make a decision?

**D**   ¿Cuál le gusta más?
**Y**   No sé. El vestido rojo es más moderno y llamativo.
**A**   Yo prefiero el beis. Es más elegante que el rojo.
**Y**   Sí, pero me queda un poco corto. El rojo me queda mejor.
**A**   No, mujer. El beis te queda muy bien. Y es menos visto.
**Y**   Bueno sí, pero también es mucho más caro que el rojo. ¡Es
carísimo! ¡No sé ...!

---

**Más** means *more* and **más ... que** is used to compare two things:
**El beis es más elegante que el rojo.** *The beige one's smarter than
the red one.*
**Menos** *less* is also used:
**Es menos visto.** *It's less seen, i.e. more unusual.*
**Mejor/peor** are *better/worse*:
**Éste te queda mejor.** *This one suits you better.*

**G12**

*En español*

---

**6**   You're trying on two shirts. How would you say the following in
Spanish?

   **a**   The white one's smarter than the blue one.
   **b**   That one's a little bit big for me.
   **c**   This one fits me better – it's lovely, but it's really expensive!

# put it all together

**1** What's the opposite of these in Spanish?

| | | | |
|---|---|---|---|
| a | menos | e | negro |
| b | corto | f | barato |
| c | mejor | g | pequeño |
| d | exterior | h | moderno |

**2** Emma bought a **maleta** *suitcase* but she's had problems with it. Read part of the letter she wrote to the manufacturer.

> Compré una maleta, modelo SR5 hace un mes. El asa está rota y no puedo usarla. Sólo la he usado en una ocasión. Me parece que es un problema de fabricación. Quisiera cambiarla ...

- When did Emma buy the suitcase?
- What's wrong with it?
- How many times has she used it?
- What does she want to do with it?

**3** Rewrite these sentences, replacing the shaded words with *it* or *them* and making changes where necessary to the word order.

  a Tenemos  este vestido  en azul.

  b Quiero comprar  las botas .

  c Necesito  una corbata  para la boda.

  d ¿De qué talla tienen  los vaqueros ?

  e ¿Quiere cambiar  el pantalón ?

  f Compré  esta cartera  la semana pasada.

  g Tiene  estos zapatos  en el número 38.

**4** How would you say:

  a I'd like some black jeans in size 40;

  b I'm looking for a white linen jacket;

  c We're looking for a navy wool sweater, size medium;

  d I need a waterproof travel bag, with wheels?

# now you're talking!

1   **2•25** You're going shopping for **un abrigo** *a coat*.

- ● **Hola, ¿qué desea?**
- ◆ Say you're looking for a coat.
- ● **¿Lo quiere de lana? ¿de cachemir? ¿de piel?**
- ◆ Say you'd like it in wool or cashmere.
- ● **¿Qué talla tiene usted?**
- ◆ You're a size 44, or medium.
- ● **Muy bien. ¿Qué colores le gustan?**
- ◆ You want it in brown or black.
- ● **Mire, tenemos este modelo en marrón. ¿Quiere probárselo?**
- ◆ Ask if it suits you. You think it's a bit too long.
- ● **Le queda muy bien. Es un abrigo muy bonito.**

2   **2•26** On to another shop with a friend, to change **una mochila**.

- ● **¿Puedo ayudarle?**
- ◆ Explain that you bought this rucksack yesterday.
- ● **¿Tiene algún problema?**
- ◆ Say yes, the inside pocket's broken.
- ● **Un momento. Vamos a ver ...**
- ◆ Say you'd like to change it.
- ● **Mire, tenemos este otro modelo en verde, y ésa en azul, muy ligera. ¿No le gustan?**
- ◆ Say you like the blue one but it's smaller than the green one.
- ● **Sí, pero la azul es impermeable ...**
- ◆ Ask your friend if she likes the blue one.
- ● **A mí me parece demasiado pequeña.**

3   **2•27** Your friend tries on some sandals and asks for your opinion.

- ● **¿Te gustan estas sandalias? ¿Qué tal me quedan?**
- ◆ Say you don't like the colour very much.
- ● **¿Ah, no? Y éstas rojas, ¿qué tal me quedan?**
- ◆ Say they suit her well. You prefer the red ones, but they're really expensive.
- ● **Bueno, un poco más caras que las azules. ¡Quiero las rojas!**

# quiz

1 In a shop, how would you say you're just browsing?

2 What word do you use before the fabric or material, e.g. **una camisa** ...... **seda**?

3 If you're being asked for your size, where would you expect to hear a) **¿Qué talla?** and b) **¿Qué número?**

4 I'm looking for something is **Estoy buscando**, so how would you say *He's buying a jacket*? and *We're studying Spanish*?

5 **El vestido verde es más elegante** ...... **el rojo**. What's the missing word?

6 To ask your friends if they like your coat, what word would you need to fill the gap? **¿**...... **gusta el abrigo?**

7 How do you say in Spanish *brown leather ankle boots*?

8 If you hear **a mí me parece**, is the person stating a fact or giving an opinion?

## Now check whether you can ...

- say you're looking for something in a shop or just browsing
- use adjectives to describe clothes
- express your opinion and ask for someone's else's
- compare things using **más** and **menos**
- differentiate between *this one* and *that one*
- use *it* and *them* in the correct position
- express a preference

Being able to give an opinion in a new language is a great step forward. Look at the news and comment on it using **(a mí) esto me parece** and adjectives such as **fantástico, trágico, interesante** or even **ridículo.**

Try commenting on the contents of your wardrobe: describing clothes as **nuevo** *new,* **viejo** *old,* or comparing them using **más** and **menos**, and perhaps evaluating them as **bonitas, cómodas, elegantes, informales, clásicas**, etc.

# No me siento bien

saying how you're feeling

... and describing symptoms

following instructions

choosing alternative solutions

## En España ...

the general term for a doctor is **médico/a** or **doctor/a**. Consultants are **especialistas**. For a consultation, you need to go to a **consulta** *doctor's surgery* or to an **ambulatorio** *outpatient's clinic*. EU citizens can make use of Spain's **Seguridad Social** (National Health Service) provided they have a European Health Insurance Card (EHIC). In an emergency, the number to dial is 112 and the place to head for is the **Urgencias** (A & E Department) of the nearest **hospital** *hospital*.

If you need to buy medicines out of hours, there's always a **farmacia de guardia** *duty chemist's* open.

# Saying how you're feeling

**1**  2•28 Listen to the key language:

| | |
|---|---|
| **¿Qué te/le pasa?** | What's the matter? |
| **¿Cómo estás/te sientes?** | How are you? |
| **Estoy/Me siento mal/fatal.** | I feel ill/awful. |
| **Me hice daño.** | I hurt myself. |
| **Cuídate, que te mejores pronto.** | Take care, get well soon. |

**2**  Read this e-mail from Pedro Antonio to his friend Rosa. Why can't he meet her at lunchtime?

---

**De:** Pedro Antonio Peña    **Fecha:** martes, 13 de agosto de 2007
**A:** Rosa Sabater        **Asunto:** ¡Estoy fatal!

-------------------------------------------------------------------------

Rosa, no puedo comer contigo hoy a las 2 porque no voy a ir al trabajo. Estoy en cama. Lo siento. Besos Pedro A.

---

**En español**

To say how you feel you can use the verbs **estar** or **sentirse**:

**¿Cómo estás?/¿Cómo te sientes?** *How are you feeling?*
**No me siento bien.** *I'm not feeling well.*
**Se siente fatal.** *He/she's feeling awful.*

And if you've hurt yourself you can say:

**Me hice daño.** *I hurt myself.* **Se hizo daño.** *He/She hurt him/herself.*

**3**  2•29 Rosa rings Pedro Antonio to find out what's wrong with him. First listen to their conversation, then read it and fill in the gaps.

- **Hola Pedro Antonio, ¿qué te pasa?**
- **No .............. bien. ......... en cama.**
- **¿Qué ha pasado?**
- **Ayer me cambié de casa y levanté mucho peso, y me ......... daño.**
- **¡Claro! ¿Y cómo .............. ahora?**
- **¡......... fatal! No ......... moverme.**

**4**  E-mail a mutual friend, Patricio, to say that Pedro Antonio's not going to work today, he's not feeling well. He hurt himself yesterday and is in bed.

# ... and describing symptoms

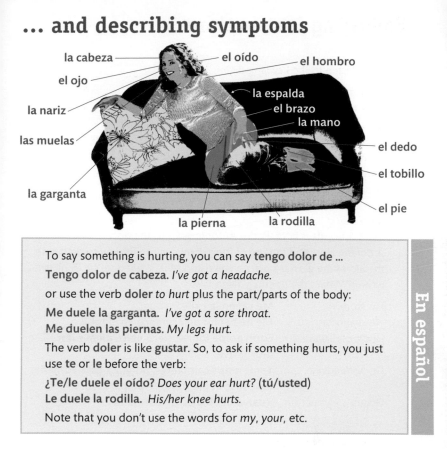

la cabeza — el oído — el hombro
el ojo —
la nariz —
las muelas —
la garganta

la espalda
el brazo
la mano
el dedo
el tobillo
el pie

la pierna    la rodilla

---

To say something is hurting, you can say **tengo dolor de ...**

**Tengo dolor de cabeza.** *I've got a headache.*

or use the verb **doler** *to hurt* plus the part/parts of the body:

**Me duele la garganta.** *I've got a sore throat.*

**Me duelen las piernas.** *My legs hurt.*

The verb **doler** is like **gustar**. So, to ask if something hurts, you just use **te** or **le** before the verb:

**¿Te/le duele el oído?** *Does your ear hurt?* (tú/usted)

**Le duele la rodilla.** *His/her knee hurts.*

Note that you don't use the words for *my, your,* etc.

*En español*

---

**5**  **2•30** Rosa phones Pedro Antonio again later to ask if he's feeling better.  Where does he say he's hurting?

**6**  **2•31** Pedro Antonio then phones home for some sympathy, but his father answers, saying his mother isn't feeling very well. Read this list of symptoms, then listen to his father and tick the ones he mentions.

☐ **tiene dolor de oídos**
☐ **tiene dolor de espalda**
☐ **tiene dolor de cabeza**
☐ **tiene fiebre** *a temperature*
☐ **tiene tos** *a cough*
☐ **tiene gripe** *flu*

☐ **le duelen las piernas**
☐ **le duele la garganta**
☐ **le duele el estómago**
☐ **le duelen los brazos**
☐ **le duelen las muelas** *teeth*
☐ **le duelen los ojos**

# Following instructions

**1** **2•32** Listen to the key language:

| | |
|---|---|
| **Me caí ...** | I fell over ... |
| **Me he hecho un esguince ...** | I've sprained ... |
| **... en el tobillo.** | ... my ankle. |
| **¿Puede doblar el pie?** | Can you bend your foot? |
| **Tome un calmante.** | Take a painkiller. |
| **Póngase esta pomada ...** | Put this lotion on ... |
| **Descanse ..., Vuelva ...** | Rest ..., Come back ... |

**2** **2•33** A few days later, Pedro Antonio goes to the doctor with a problem. Here's an outline of their conversation for you to read with the aid of the glossary before you listen to it. What does he think is wrong? What's the doctor's diagnosis?

| | |
|---|---|
| His story: | **Me caí en la calle.** |
| His diagnosis: | **Me he hecho un esguince en el tobillo.** |
| Doctor's diagnosis: | **Es un golpe fuerte, pero no es un esguince muy grave.** |
| Doctor's advice: | **Tome estos calmantes, póngase esta pomada, descanse el pie durante un par de días.** |
| Doctor's instruction: | **Vuelva dentro de una semana.** |

> ## En español
>
> **Tome** *take*, **descanse** (from **descansar**), **póngase** *put on* (from **ponerse**) and **vuelva** *come back* are **usted** imperatives, used to give instructions in formal situations:
>
> **Tome estos calmantes.** *Take these painkillers.*
>
> As an alternative you can use **deber** *must/should* and the infinitive:
>
> **Debe tomar estas pastillas.** *You must take these pills.*  **G1**

**3** **2•34** Pedro Antonio goes to the **farmacia** for some painkillers. Listen and see if you can pick out any of the **farmacéutica**'s instructions, based on what you might expect to hear in English in the same circumstances. Then check with the transcript on page 123.

# Choosing alternative solutions

## Centro de yoga y meditación trascendental
Clases de yoga individual y en grupos pequeños. Combata el estrés y la ansiedad aplicando los principios del yoga, buscando la armonía de su cuerpo y su espíritu.

## MEDICINA HOLÍSTICA

- alimentación sana
- hidroterapia
- fisioterapia
- poder curativo de las plantas

## Acupuntura
Práctica china tradicional para aliviar el dolor y corregir los trastornos del cuerpo. Muy eficaz contra la artritis, los problemas de la piel y las irregularidades menstruales.

## Luis Flores
### entrenador persona!
¿Quiere ponerse en forma?

EJERCICIOS DE MANTENIMIENTO, CARDIOVASCULARES, ABDOMINALES, PESAS ...

## ¿Quiere perder peso?
Con la nueva dieta equilibrada KURSI descubrirá cuáles son los alimentos a los que usted tiene intolerancia. Sin contar calorías, sin regímenes estrictos. ¡Empiece hoy!

La equinácea es un remedio herbal que puede ayudar al cuerpo a defenderse de los virus que causan los resfriados, los dolores de garganta y la gripe. Los productos de equinácea pueden encontrarse en la mayoría de farmacias o supermercados.

**1** Look at these adverts on the noticeboard at a chemist's and see if you can find the Spanish for the following words: acupuncture, balanced diet, harmony, holistic medicine, stress, physiotherapy, herbal remedy, personal trainer, colds, healthy eating, to get fit.

# put it all together

**1** Find the odd one out in each line.

  **a** ojos, oídos, nariz, tobillo
  **b** pastillas, rodilla, pomada, calmantes
  **c** artritis, gripe, equinácea, resfriado
  **d** descanse, tome, esguince, vuelva
  **e** hidroterapia, entrenador, acupuntura, fisioterapia

**2** Match the Spanish sentences with their English equivalent.

| | |
|---|---|
| **a** Me siento fatal. | **1** Get well soon. |
| **b** ¿Qué te pasa? | **2** He hurt his back. |
| **c** Se hizo daño en la espalda. | **3** Do your legs hurt? |
| **d** Que te mejores pronto. | **4** You must rest. |
| **e** ¿Se siente mejor? | **5** I feel awful. |
| **f** ¿Te duelen las piernas? | **6** Are you feeling better? |
| **g** Debe descansar. | **7** What's the matter? |

**3** You've gone to see your elderly neighbour, señora Pascal. Complete the conversation with her using the appropriate form of the verbs in the box.

| deber    sentirse (x2)    pasar    doler (x2)    tener |
|---|

  ● ¿Cómo ............ hoy?
  ◆ ¡Ay! ¡ ............ mal!
  ● ¿Qué le ............? ¿Le ............ la cabeza? ¿............ gripe?
  ◆ No, pero me ............ mucho las muelas.
  ● Bueno, ............ ir al dentista enseguida.

**4** Write a note in Spanish to your friend Enrique, telling him:

  ● you're sorry but you can't go to his house this evening,
  ● you're not feeling well, you've got a temperature, your back hurts,
  ● your sister also has flu.
  ● Ask Enrique how's <u>he's</u> feeling?

# now you're talking!

**1** **2•35** Imagine you're Cristina. You're meeting your friend Chema in a bar and he arrives limping and looking terrible.

- Say Hi and ask what the matter is.
- ◆ **Pues mira, que tengo un esguince de tobillo. Jugué al fútbol ayer y me caí. Me hice daño en el tobillo.**
- Ask him if it hurts.
- ◆ **Pues claro, ¡me duele mucho!**
- Tell him he must take some painkillers.
- ◆ **No tengo calmantes, están en casa ...**
- Say let's go (**vamos**) to the chemist's.
- ◆ **No puedo moverme mucho. ¿Puedes ir tú?**

**2** **2•36** You're now going to explain your own health problems.

- **Hola, ¿cómo estás?**
- ◆ Say you're not feeling well.
- **Lo siento. ¿Qué te pasa?**
- ◆ Say you've got a headache and a sore throat.
- **¡Ah, vaya!**
- ◆ And your legs hurt.
- **¿Tienes fiebre?**
- ◆ Say yes, and you have a cough and earache.
- **Creo que tienes gripe. Debes ir al médico.**
- ◆ Ask your friend if she has a painkiller.
- **Sí, aquí tengo unas pastillas. Un momentito ...**

**3** **2•37** You're talking and giving advice to your friend Jorge, who hasn't been feeling very well lately.

- Ask Jorge how he is feeling.
- ◆ **Pues no muy bien. Siempre estoy muy cansado.**
- Ask him if he goes to the gym.
- ◆ **No, no me gusta el gimnasio. Es muy aburrido**
- Tell him that he should get fit.
- ◆ **Sí, sí, pero no sé qué hacer...**
- Tell him that you have a personal trainer.

# quiz

1 Where do you go in Spain in a health emergency?

2 Is **equinácea** a herbal remedy or a drug?

3 How would you say in Spanish that a) your foot hurts and b) your feet hurt?

4 If someone says **me hice daño en el hombro,** what part of his body is affected?

5 **Estómago** is *stomach*, so how would you say in Spanish *She's got stomach ache*?

6 What do you say to your friend to wish him a quick recovery?

7 Which of these is not an instruction: **puede tomar**; **tome**; **debe tomar**?

8 What's another way of saying **Tengo dolor de oídos**?

## Now check whether you can ...

- say how you're feeling
- list simple symptoms
- explain what hurts when you're in pain
- give information about other people's symptoms
- follow straightforward instructions from a doctor/chemist

When you need to say or understand something in Spanish, it can help to imagine yourself in similar but English-speaking circumstances and think what you'd expect to hear and have to say.

**Repita, por favor** is a polite way of telling someone to repeat what he or she has just said. It means the same as ¿**Puede repetir?** and, along with words like **Pues** or **Bueno** *Well*, it's particularly useful if you find you need some thinking time.

# Y además ... 4

¿**Está buscando algo en especial?** *Are you looking for anything in particular?* **Algo** means *something* or *anything*. The opposite is **nada** *nothing*. **No compré nada.** *I didn't buy anything.*

**Alguno** means *any* or *some*. The opposite is **ninguno**, *none, any*. ¿**Te has probado alguno?** *Have you tried any?* **No compró ninguno.** *He didn't buy any.*

When **alguno** and **ninguno** are used as adjectives they agree with the noun they're with: **alguna cosa**. Before a masculine noun they're shortened to **algún** and **ningún**: **algún chico**; **ningún hombre**. With **nada** and **ninguno**, **no** always goes before the verb.

1   Antonia sent her friend an e-mail to update her on the search for a wedding outfit. Even though it contains some new words, first read it straight through without the glossary to see if you can get the gist.

---

**De:** Antonia Sepúlveda    **Fecha:** sábado, 5 de abril 2007 20.30
**A:** Milagros Torres    **Asunto:** compras

---

Hola Milagros

En estos momentos estoy descansando un poco y me estoy tomando una infusión porque estoy muy cansada. Todo el día hemos estado de compras.

Fui con mi hermana Isabel y su novio Pablo a comprar ropa para la boda de mi primo. Primero estuvimos en una tienda de ropa de hombre muy elegante. Vimos unos trajes muy bonitos. Pablo se probó alguno, pero no se compró ninguno. En la segunda tienda vimos uno negro muy moderno y lo compró. También compró una camisa, un cinturón y una pajarita.

Luego buscamos algo para Isabel. Vimos un vestido verde, muy llamativo, pero no lo compró. Luego se probó una falda y una chaqueta beis, le gustaron mucho y las compró. Comimos en un bar muy rápidamente y por la tarde fuimos a tres zapaterías. Pablo e Isabel compraron sus zapatos, pero yo no me compré nada.

¡Qué frustración! Todo el día comprando y no compré nada para mí ... pero he visto algo muy bonito, un vestido rojo. El próximo lunes voy YO SOLA a comprarlo.

Besos, Antonia

**2** Read Antonia's e-mail again, using the glossary this time so that you can understand the detail, then decide if these statements are **verdadero** or **falso**, and correct the false ones.

|   |   | V | F |
|---|---|---|---|
| **a** | Antonia is relaxing with a cup of herbal tea. | ☐ | ☐ |
| **b** | Pablo bought a suit in the first shop. | ☐ | ☐ |
| **c** | Isabel bought a green dress. | ☐ | ☐ |
| **d** | They went to three shoe shops and all bought shoes. | ☐ | ☐ |
| **e** | Antonia bought a skirt and jacket for herself. | ☐ | ☐ |
| **f** | Antonia's going back on Monday to buy a black dress. | ☐ | ☐ |

**3** Make a list of all the phrases in Antonia's e-mail that include *some, any, none, something, nothing*.

**4** On Monday evening, Antonia went online to chat to her friend Dora. Fill the gaps in the conversation with the words in the box.

> nada    algo    algunas    algunos    ninguno

A: Pues hoy estuve de compras. Necesito ............ cosas para la boda de mi primo.

D: ¿Te compraste ............?

A: Bueno, primero fui a la Boutique MARLO pero no me compré ............ allí. Ví ............ vestidos preciosos, pero muy caros. Luego fui a otra tienda y me compré un vestido azul – divino.

D: Fantástico! ¿Y los zapatos?

A: Me probé muchos zapatos. Pero no me gustó ............, así que tengo que volver la semana que viene.

**5** Write an e-mail to a friend saying that:

- yesterday you went shopping;
- you saw a very smart blue shirt and bought it;
- and you bought some presents; (**un regalo** *present*)
- you also tried on some black shoes and bought them;
- but you've left them in the shop!
- You have to go and **recoger** *collect* them tomorrow.

**6** Hortensia is a housewife with a lot of problems, and she writes to the **consultorio sentimental** *agony aunt* of a magazine. Read her letter, using the glossary for any new words.

Querida Marlene:
¡Necesito tu ayuda! Soy una mujer de 35 años, casada y con dos hijos pequeños. No trabajo y me quedo en casa todo el día. Me ocupo de los niños y de la casa. Siempre me siento muy cansada y me irrito con frecuencia con los niños cuando se pelean. Me aburro mucho en casa, pero no salgo casi nunca porque no tengo amigas. Mi marido se preocupa por mí. Dice que debemos cambiarnos de casa, vivir cerca de la playa, y que debo irme al gimnasio para ponerme en forma y hacer algo diferente.
¿Qué hago?
Hortensia

Many everyday verbs are also used as reflexive verbs, i.e. with an additional **me, te, se, nos, os, se.**

For some there's only a subtle difference in meaning. **Me voy al cine** is simply a more emphatic way of saying *I go to the cinema* than **Voy al cine.**

For others like **sentirse**, there's a change in meaning: **Siento llegar tarde** is *I'm sorry I'm late* but **Me siento cansado** means *I feel tired*. Other verbs where the meaning changes include **encontrar** *to find*, **encontrarse** *to meet up*; **quedar** *to fix an appointment*, **quedarse** *to stay*; **fijar** *to fix*, **fijarse** *to pay attention*.

Reflexive pronouns are tacked onto infinitives and positive imperatives:

**Debo irme.** *I must go.* **Vete al gimnasio.** *Go to the gym.* **G27**

En español

**7** List the phrases in Hortensia's letter that come from these infinitives: e.g. **cambiarse: Debemos cambiarnos de casa.**

| | | | |
|---|---|---|---|
| quedarse | ............ | pelearse | ............ |
| ocuparse | ............ | aburrirse | ............ |
| sentirse | ............ | preocuparse | ............ |
| irritarse | ............ | irse | ............ |

**8** This is part of the reply from the magazine. First skim though it to get the gist, then read it through systematically, using the glossary if there are words you don't know.

> **Querida Hortensia:**
> *Gracias por tu carta. No te preocupes, lo que te pasa es normal para una persona en tu situación. Me dices que te sientes muy cansada. ¿Te estás alimentando bien? Debes cuidar tu dieta y también tu aspecto físico. Vete al gimnasio, es muy buena idea, y tómate también un suplemento vitamínico.*
> *Dices que te aburres. Busca a otras mamás en tu situación y organizad actividades interesantes juntas.*
> *¿Cambiaros de casa y vivir cerca de la playa? Es una idea excelente. Te vas a sentir mejor con el cambio …*

**9** In the reply, find the Spanish for the following phrases:

    **a** Don't worry.
    **b** Are you feeding yourself properly?
    **c** You must look after your appearance.
    **d** Take a vitamin supplement.
    **e** Look for other mums in your situation.
    **f** You are going to feel better.

**10** Write a letter to the same health magazine, saying what's wrong with you and asking what you can do. You start with **Estimado Doctor** *Dear doctor* and finish by thanking him for his **consejos** *advice*. Here's a list of your symptoms:

- not feeling well
- stomach ache
- backache
- have to stay at home at weekends to rest
- feel very tired/a bit depressed (**deprimido/a**)
- get irritated

# Me encantaría

making suggestions, sending an invitation

... and replying to an invitation

saying what people are like

... and what they look like

## En España ...

tarjetas *greetings cards* can be bought for most occasions such as
**cumpleaños** *birthday*, **Navidad**, *Christmas*, **San Valentín**, **el día de la
madre**, *Mother's Day*, etc. You can send your good wishes with the word
**Feliz** *Happy* followed by the event: **Feliz Cumpleaños**.

**Enhorabuena** *Congratulations* is the word to use for a **boda** *wedding*, a
**nacimiento** *birth*, a **graduación** *graduation* or an **ascenso** *promotion*.

# Making suggestions, sending an invitation

**1** 2•38 Listen to the key language:

| | |
|---|---|
| **¿Por qué no vamos ...?** | Why don't we go ...? |
| **¿Qué tal si nos vamos ...?** | How about going ...? |
| **... de copas/de tapas?** | ... for drinks/for tapas? |
| **... a una bodega/discoteca?** | ... to a wine cellar/club? |
| **... a hacer una cata de vinos?** | ... to go wine tasting? |
| **... a comer una mariscada?** | ... for a seafood meal? |
| **Tendrá lugar ..., Será ...** | It will take place ..., It will be ... |

**2** 2•39 Andrés, Pablo and Patricia are discussing how to **celebrar** *celebrate* the end of their college course. Listen and complete their suggestions.

- **Podemos ir de copas.**
- **¿O ............ a un bar?**
- **¿............ a una discoteca?**
- **¿O a una bodega a hacer ............?**
- **¿............ al restaurante Marín para una mariscada?**
- **¡Qué buena idea!**
- **Sí ¡Perfecto!**

**3** They all agree that **una mariscada** at Marín's is the best idea. Andrés sends three invitations: to Estela who he has a crush on; to Ricardo, one of his teachers; and to his friend Raúl.

**1**
Está invitado a una mariscada con nosotros para celebrar el fin de curso en el restaurante Marín, de la Plaza Mayor. Tendrá lugar el viernes a las 9.30. Por favor, confirme antes del miércoles. Un saludo. Andrés.

**2**
Hola. Te invito a una cena especial de fin de curso. Será en el restaurante Marín el viernes a las 9.30. Dime si puedes venir lo antes posible. Andrés

**3**
Hola. ¿Te gustaría venir a celebrar el fin de curso con nosotros? Será una cena muy especial, una mariscada en el restaurante Marín el viernes. Por favor, ven. Te espero. Andrés

**a** Who gets which invitation?
**b** When and where will the dinner take place?
**c** Which three phrases does Andrés use to invite them?
**d** What's the Spanish for *as soon as possible*?

# ... and replying to an invitation

**4**  **2•40** Listen to the key language:

| | |
|---|---|
| Con mucho gusto. | With pleasure. |
| Me encantaría/Nos encantaría. | I'd love to/We'd love to. |
| No puedo/No podemos. | I can't/We can't. |
| ¡Qué pena! | What a pity! |
| Lo siento mucho. | I'm really sorry. |
| No sé si puedo. | I don't know if I can. |

**5**  **2•41** Patricia's job is to phone Raquel, Ester and Miguel. Listen and tick who gives which response. Note that she uses **¿os gustaría?** to Miguel because she's including Elena in the invitation.

| | Raquel | Ester | Miguel/Elena |
|---|---|---|---|
| Sí, me encantaría. | | | |
| ¡Qué buena idea! | | | |
| El viernes no podemos. | | | |
| Sí, claro. Con mucho gusto. | | | |
| ¡Qué pena! | | | |
| Lo siento mucho. | | | |

---

**Tener lugar** *to take place* is one of several phrases using **tener** which translate into English without using the word *have*:

**tener hambre** *to be hungry*; **tener calor** *to be hot*;

**tener miedo** *to be afraid*; **tener ganas de** *to feel like*.

**Tendrá** and **será** are examples of the future tense.
(There's more about this in Unit 10.)      **G19**

*En español*

---

**6**  **2•42** Listen to a phone message from Fabián, a nurse, and decide why he can't come to the party.

**7**  **2•43** Andrés phones Estela to see if she got his message. Listen out for **Tengo muchas ganas de ir** *I really feel like going*. But is she going to come or not?

# Saying what people are like

**1**  2•44 Listen to the key language:

| | |
|---|---|
| **¿Conoces a Estela?** | Do you know Estela? |
| **No la conozco bien.** | I don't know her well. |
| **Es simpática/antipática.** | She's nice/unpleasant. |
| **No lo sé.** | I don't know. |
| **¿Cómo que no lo sabes?** | How come you don't know? |

En español

There are two words for *know*:

- **conocer**: to know a person, to be familiar with a thing/place. Before a person, it's followed by a: **Conozco a María**.
- **saber**: to know a fact, or how to do something.

The **yo** form for both verbs is irregular:
**conozco** *I know*; **sé** *I know*.

**Lo** *it* is often used with **saber** but is not translated into English:
**¿Lo sabes?** *Do you know?* **No lo sé.** *I don't know.*

**2**  2•45 Listen to Andrés and Patricia talking about Estela, then fill the gaps in their conversation with **sabe**, **sé**, **sabes**, **puede** and **si** *if*.

- ● **¿Viene Estela a la cena, o no?**
- ◆ **No lo** ............ .
- ● **¿Cómo que no lo** ............ ?
- ◆ **Bueno, Estela no** ............ ............ ............ **venir.**

**3**  2•46 Andrés is fed up after receiving a **mensaje de texto** from Estela saying **no voy cena vier lo siento** *not coming dinner Fri Sorry*. Listen as Pablo and Patricia discuss Andrés and Estela, and write the correct form of the adjectives used to describe their personalities. Start your sentence **Andrés/Estela es ...**

| | | | |
|---|---|---|---|
| **agradabl-** | *pleasant* | **amabl-** | *kind* |
| **maj-** | *attractive, nice* | **educad-** | *polite* |
| **antipátic-** | *disagreeable* | **simpátic-** | *likeable, nice* |
| **maleducad-** | *rude* | | |

# ... and what they look like

**4** 2•47 Listen to the key language:

| | |
|---|---|
| **Quién es?** | Who is he/she? |
| **¿Cómo es físicamente?** | What does he/she look like? |
| **Es delgado/gordo.** | He's slim/fat. |
| **Es morena/rubia/alta.** | She's dark/fair/tall. |
| **Tiene ojos azules ...** | She has blue eyes ... |
| **... y el pelo largo.** | ... and long hair. |
| **Es guapo/a.** | He/She's good-looking. |
| **Se viste muy bien.** | He/She dresses well. |

**5** 2•48 Patricia is describing Raquel, another friend, to Andrés. Listen and decide whether Raquel is:

&#9642; dark    &#9642; blonde    &#9642; slim    &#9642; chubby

How tall is she?

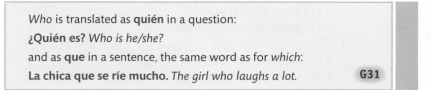

*Who* is translated as **quién** in a question:
**¿Quién es?** *Who is he/she?*
and as **que** in a sentence, the same word as for *which*:
**La chica que se ríe mucho.** *The girl who laughs a lot.*   **G31**

**6** 2•49 Listen as Patricia carries on describing Raquel and decide whether her hair is:

&#9642; **liso** *straight*    &#9642; **rizado** *curly*    &#9642; **largo** *long*    &#9642; **corto** *short*

and whether her eyes are:

&#9642; **azules** *blue*    &#9642; **marrones** *brown*    &#9642; **negros** *black*    &#9642; **verdes** *green*

**7** 2•50 Later Patricia asks Pablo **¿Ha contestado Raúl?** *Has Raúl replied?* Listen then say in English what he looks like. New words to look out for:

| | |
|---|---|
| **con bigote** *with a moustache* | **gordito** *plump* |
| **guapísimo** *very good-looking* | |

# put it all together

**1** Say what these words mean and give their opposites.

antipático amable  delgado contento

alto   pelo rizado educado rubio  pelo largo

**2** Which Spanish phrases match the English ones?

**a** I don't know Paloma very well.
- **No sé bien quién es Paloma.**
- **No conozco bien a Paloma.**

**b** The party will take place here.
- **La fiesta tendrá lugar aquí.**
- **Hacemos la fiesta aquí.**

**c** What a pity you can't come!
- **¡Qué pena que no puedas venir!**
- **¡Lo siento que no puedas venir!**

**d** Would you like to come on Saturday?
- **¿Te gusta venir el sábado?**
- **¿Te gustaría venir el sábado?**

**e** I'd love to go but I can't.
- **Puedo ir pero no quiero.**
- **Me encantaría ir, pero no puedo.**

**3** Make these suggestions in Spanish:

**a** How about going to the beach?
**b** We don't we go to the cinema tonight?
**c** We can go for some tapas.
**d** How about going clubbing on Saturday?
**e** We can go wine tasting.
**f** Why don't we invite Carlos for your birthday?

**4** Now have a go at describing some people you know, both physically and in terms of character:

- your boss
- your partner
- your best friend
- your neighbour
- and finally yourself!

# now you're talking!

**1**   **2•51** Rebeca is organising a surprise party for her boyfriend Alejandro. You're Alejandro's best friend, Rafael, and she calls you to see if you're free.

- **Hola Rafael, ¿qué tal? Soy Rebeca.**
- ◆ Say hello, you're fine thanks and ask how <u>she</u> is.
- **Muy bien. Oye, quiero organizar una fiesta sorpresa para Alejandro. Es para su cumpleaños, ¿sabes? Una cena en el Restaurante Cabezón.**
- ◆ Say what a good idea. Ask when the dinner is.
- **Es el miércoles veintiuno. ¿Quieres venir?**
- ◆ Say you'd love to come but you're not sure if you can. You've got a conference on the 21st.
- **¡Qué pena! Pues entonces es mejor el fin de semana. ¿Puedes el sábado?**
- ◆ Say Saturday the 24th is perfect and thank her.
- **De nada. ¡Ah! ¡Recuerda! Es un secreto ...**

**2**   **2•52** A man you work with is telling you about Marisol but you've absolutely no idea who he's talking about. Judging by the detailed description, he must have a crush on her!

- **¿Sabes si Marisol va a la conferencia?**
- ◆ Say you don't know Marisol.
- **Sí, Marisol Ramírez. La conoces, trabaja en tu departamento, creo.**
- ◆ Ask what she looks like. Is she tall?
- **Bueno, no muy alta, normal. Tiene el pelo largo y rizado.**
- ◆ Ask if she wears glasses. (**llevar gafas** *to wear glasses*)
- **No, no. Y es muy guapa.**
- ◆ Ask if she has green eyes.
- **Sí, tiene unos ojos preciosos. Es la colega de Diego.**
- ◆ You realise who she is. Say she's a bit unpleasant.
- **En absoluto. Es muy simpática, muy maja ...**

# quiz

1 What do you say to a colleague who's just been promoted?

2 What's the Spanish for a wine tasting?

3 To invite a group of friends to a party, what word do you need in the gap? ¿ ......... **gustaría venir a una fiesta?**

4 If *good-looking* is **guapo** and *really good-looking* is **guapísimo,** how would you say *really nice* (**majo**), *really good* (**bueno**) and *really polite* (**educado**)?

5 If someone you've invited to an event replies **con mucho gusto,** is the person accepting or refusing the invitation?

6 **La amiga ......... invitamos**: Is the missing word **que** or **quien**?

7 Would you use **no lo sé** or **no lo conozco** to say you don't know somebody's phone number?

8 How would you say you feel like doing something: **tengo miedo, tengo ganas** or **tengo hambre**?

## Now check whether you can ...

- make a suggestion
- send an invitation
- accept an invitation
- refuse politely, apologising and giving a reason
- describe somebody physically
- describe somebody's character

Put your learning into practice by seeing if you can describe someone, be it your nearest and dearest or someone from a magazine.
Double the impact of what you've just learnt by putting **mucho, un poco, tan** *so* and **bastante** *quite* before the adjective. Try comparing people, using **más** and **menos**: **Gabriela es más alta que Marta** *Gabriela's taller than Marta.* And if you want to say that someone's *the tallest/the most ...,* just add the definite article before **más** and **menos**: **Marta es la más inteligente** *Marta's the cleverest;* **Juan es el más educado** *Juan is the most polite.*

# ¡Muchas gracias por la comida!

following a recipe

choosing wine to go with a dish

commenting on a meal

expressing appreciation

## En España ...

eating and drinking are central to the way of life. Each region has its own **platos típicos** *typical dishes*. Galicia is famous for its **mariscos** *seafood* and veal, the **ternera gallega**. In the central regions, a lot of **legumbres** *pulses* are eaten, such as **lentejas** *lentils*, **alubias** *white or red beans*, and **garbanzos** *chick peas*. Spanish cooking uses three basic ingredients: **aceite de oliva** *olive oil*, **ajo** *garlic* and **perejil** *parsley*. As for wines, given the different climates and terrains, there are all types, from **vino tinto** *red wine* and **vino blanco** *white wine* to **rosado** *rosé* and **cava** *Spanish champagne*. The label **Denominación de Origen (DO)** or **Denominación de Origen Calificada (DOCa)** guarantees the origin and quality of the wine.

# Following a recipe

**1**   Here are some words often found in **recetas** *recipes*:

| | |
|---|---|
| **añadir** *to add* | **calentar** *to heat* |
| **cocer** *to boil* | **echar** *to pour* |
| **saltear** *to sauté* | **colocar** *to arrange* |
| **rehogar** *to fry lightly* | **escurrir** *to drain* |
| **cortar** *to cut/chop* | **poner** *to put* |
| **revolver** *to stir* | **mezclar** *to mix* |

**2**   Alfonso, a TV chef, demonstrates how to cook **paella marinera** *seafood paella*. Before you listen, use the glossary to check out the ingredients:

| | | | |
|---|---|---|---|
| **arroz** | ............ | **pimiento** | ............ |
| **gambas** | ............ | **azafrán** | ............ |
| **almejas** | ............ | **guisantes** | ............ |
| **calamares** | ............ | **caldo** | ............ |

**3**   **2•53** Now listen to Alfonso and find out about **paella** – which is also the word for the pan in which the dish is cooked. Then fill in the gaps in this recipe, using the infinitive of the verbs. The infinitive is more common in written recipes than the chatty **nosotros** form used by Alfonso.

> PAELLA MARINERA
> 1. ............ el aceite en una paella y ............ las gambas y las almejas durante unos dos minutos.
> 2. ............ las gambas y almejas y ............las aparte.
> 3. ............ en la paella el pimiento rojo cortado en trozos pequeños, los guisantes y los calamares.
> 4. ............ todo.
> 5. ............ sal, perejil y azafrán y ............ bien.
> 6. ............ el arroz y lo ............ con el resto de los ingredientes.
> 7. ............ el caldo de pescado y lo ............ durante 10 min.
> 8. ............ las almejas y las gambas y ............las otros 5-7 min.

**4**   **2•53** Listen again to Alfonso and check the recipe – the complete transcript is on pages 126-7.

# Choosing wine to go with a dish

**1** 2•54 Listen to the key language:

**A cada plato le va un vino diferente.** — A different wine goes with each dish.
**He elegido ...** — I've chosen ...
**Tomaremos .../Beberemos ...** — We'll have .../We'll drink ...
**¡Fantástico!/¡Que bién!** — Fantastic!/Great!

**2** It's Rubén and Lucía's **bodas de plata** *silver wedding*, and to celebrate they've invited some friends to a top restaurant. Check the new words in the chosen menu and label each dish as **entrante, pescado, carne, verdura y ensalada** or **postre**.

> Solomillo de ternera con espárragos
>
> Tarta de queso, chocolate y naranja
>
> Tartaleta de paté de oca
>
> Langosta a la plancha
>
> Ensalada de endivias con queso

**3** 2•55 Matching wine with food is called **maridaje** *marriage*. Rubén explains his choice of wines to David. **Al marisco le va un vino blanco** means *White wine goes with seafood*. Listen and say which wine goes with which course: **Ribera del Duero**, **Albariño**, **Cava**, **Moscatel**.

---

Verb endings incorporating a distinctive -r- sound convey the English *will*. This is called the future tense.

**tomar: tomaré** *I will have* ▸ **tomaremos** *we will have*
**beber: beberé** *I will drink* ▸ **beberemos** *we will drink*

**Ir a** +infinitive can be used to express the future in most instances. However, it's also useful to be able to recognise the future tense. **G21**

*En español*

---

**4** 2•55 Listen again to Rubén and David and choose one or more of these adjectives to describe each wine.

- **seco** *dry*
- **maduro** *mature*
- **delicado** *delicate*
- **gran reserva** *vintage*
- **semiseco** *medium-dry*
- **aromático** *aromatic*
- **con cuerpo** *full-bodied*
- **espumoso** *sparkling*
- **blanco** *white*
- **suave** *smooth*
- **tinto** *red*
- **dulce** *sweet*

# Commenting on a meal

**1** **2•56** Listen to the key language:

| | |
|---|---|
| ¿Te ha gustado ... | Did you like ... |
| ¿Qué tal estaba ... | How was ... |
| ... la langosta/el solomillo? | the lobster/the sirloin? |
| Estaba ... | It was ... |
| ... buenísima/delicioso. | ... excellent/delicious. |
| Me recuerda a la tarta ... | It reminds me of the cake ... |
| Hacía .../Ponía ... | (She) used to make/to put |

**2** **2•57** See if you can match the two halves of these snatches of conversation heard during the **comida**. Then listen and check.

| | |
|---|---|
| **a** ¿Qué tal la langosta? | **1** Estaba buenísimo, ¡hecho a la perfección! |
| **b** ¿Has probado el Ribera? | **2** Estaba deliciosa. Me gusta mucho el chocolate. |
| **c** ¿Quieres probar este vino blanco? | **3** Sí. A ver ... seco, delicado y un poco aromático. |
| **d** ¿Qué tal estaba la tarta? | **4** Sí, pero es un poco fuerte para mí. |
| **e** ¿Te ha gustado el solomillo? | **5** Estaba exquisita. Me encanta el marisco. |

**En español**

Verb endings incorporating a distinctive **-aba** or **-ía** ending convey the English 'used to' or 'was/were': **-aba** for **-ar** verbs; **-ía** for **-er** and **-ir** verbs. This is called the Imperfect tense.

**La tarta que hacía ...** *The cake (she) used to make ...*

**... estaba deliciosa.** *... was delicious.*  **G25**

**3** **2•58** Listen to Lucía and her friend Gabriela discussing the **tarta de queso y chocolate** and decide who used to make one like it and when. What ingredient did she not put in it?

¿Quién? ............  ¿Cuándo? ............  No ponía ............

# Expressing appreciation

**1** **2•59** Listen to the key language:

| | |
|---|---|
| Quiero, Quisiera ... | I want, I'd like ... |
| ... daros las gracias a todos ... | ... to thank you all ... |
| ... por estar aquí. | ... for being here. |
| Queremos, quisiéramos ... | We want, we'd like ... |
| ... proponer ..., felicitar a ... | ... to propose ..., to congratulate ... |
| Lo hemos pasado muy bien. | We've had a very good time. |

**2** **2•60** At the end of the **comida** Rubén makes a speech. Listen for:

**a** what word he uses to describe the **comida**;

**b** which course he feels was **una obra de arte** *a masterpiece*;

**c** how you say *a toast* in Spanish;

**d** how you say *to* when you drink a toast to someone.

**3** David types a thank-you note to Rubén and Lucía on behalf of all the friends invited to the meal. What day of the week was the meal? What did David learn in particular? When are they planning to do it again?

> Queridos Rubén y Lucía:
>
> Quisiéramos daros las gracias por la comida tan exquisita y el tiempo tan maravilloso que pasamos el sábado celebrando las bodas de plata. Yo, personalmente, aprendí mucho del maridaje de los vinos con la comida. Gracias por la clase, Rubén.
> Bueno, todo fantástico. Mil gracias.
> ¡Volveremos dentro de 25 años!
>
> David y los amigos

**4** Could you write a note to a friend:

- thanking him/her for the excellent meal on Sunday;
- saying you had a wonderful time;
- also thanking him/her for the paella recipe?

# put it all together

**1** Arrange these words in their food categories:

> almejas  pimiento  guisantes
> endivias  espárragos  gambas  langosta
> ternera  solomillo  calamares

| Pescados y mariscos | Carnes | Verduras |
|---|---|---|
|  |  |  |

**2** Rearrange these instructions to find a recipe for Spanish omelette, made with **patatas** *potatoes* and **huevos** *eggs*. Check the glossary for any new words. The most important thing is **dar la vuelta a la tortilla** *to turn over the omelette*.

> **TORTILLA ESPAÑOLA**
> **a** Sacar las patatas y mezclarlas con los huevos.
> **b** Cortar dos patatas grandes en trozos pequeños.
> **c** Calentar el aceite en una sartén.
> **d** Freír las patatas a fuego lento durante unos 20 min.
> **e** Dar la vuelta a la tortilla dos o tres veces.
> **f** Batir cinco huevos.
> **g** Servirla caliente o fría.
> **h** Echar todo en la sartén y freír a fuego lento.

**3** Can you say which tense, future or imperfect, is being used in the following statements?

   **a** Tomaré un vino tinto.
   **b** Mi madre hacía una paella excelente.
   **c** La cena será en el restaurante El Puerto.
   **d** La tortilla estaba deliciosa.
   **e** Volveremos el próximo año.
   **f** Tomaremos el plato de pescado.

# now you're talking!

**1** **2•61** Take part in the general chatter during a party with neighbours in Spain. You know most of them well enough to use **tú**.

- ¿Qué tal el chorizo?
- ◆ Say it's excellent. You love chorizo.
- ¿Quieres probar este vino tinto? Es buenísimo.
- ◆ Say yes, it's very good, mature but delicate. Ask if he's tasted the white wine?
- No, no lo he probado. Más tarde ... Oye, ¿qué tal estaba la chuleta? (chuleta *chop*)
- ◆ It was delicious, done to perfection!
- Sí, sí, muy buena. Ahora probaré las gambas ...
- ◆ Say he should drink a cool white wine with the prawns. (**fresco** *cool*)

**2** **2•61** Next you talk to your neighbour's grandmother, using **usted**.

- As she's done much of the cooking, say what a beautiful cake.
- ◆ Gracias. ¿Quiere probar un poco?
- Say you'd like to try a small piece. (**un trozo** *a piece*)
- ◆ ¿Qué tal? ¿Le gusta?
- You taste a piece, say you like it a lot. Ask her if she made it herself.
- ◆ Sí claro, la he hecho yo, con una receta familiar.

Now it's time to go.

- Thank your neighbour, Armando, say you've had a very good time, thank him very much for the meal, which was excellent, and say goodbye.
- ◆ ¡Adiós! ¡Gracias por venir!

# quiz

1 What's the Spanish word for the main ingredient of **paella?**

2 Which is the odd one out: **aromático, caldo, maduro, suave, seco?**

3 What does **marisco** mean?

4 You're demonstrating a recipe and say **cortamos ..., ponemos ..., echamos ...,** but if you write the recipe down, you use the infinitive. What would be the infinitive of these verbs?

5 What is the Spanish for *a vintage wine?*

6 What do the verbs **estaba** and **hacía** have in common?

7 If *we will drink* is **beberemos,** how do we say *we will go* and *we will invite?*

8 How you would say in Spanish that you want to propose a toast?

## Now check whether you can ...

- understand some key words used in recipes
- choose a Spanish wine to go with certain dishes
- comment politely on a meal, giving praise
- thank your host and express your appreciation
- recognise the verb endings that mean *will* and *was/were/used to*

When you're speaking a new language, it's normal to forget words and phrases, and to be put off your stride as you struggle to express what you want to say. When this happens, try not to grind to a halt, but use delaying phrases such as **a ver** *let's see ...,* **o sea** *in other words ...* or **es decir** *that's to say ...* with a pause to give you thinking time, and then find another way of putting it.

# Y además ... 5

1   Mike and Lyn Thomas are considering moving to Spain with their two young children. Lyn writes to a web forum to ask for advice. Where are they thinking of living?

> Hola, soy Lyn Thomas. Estoy pensando en irme a vivir a otro país con mi familia el próximo verano. Estamos considerando vivir en España. Nos gusta la costa mediterránea, pero no queremos la Costa del Sol porque hay muchos turistas y hace mucho calor …

If **Estoy pensando en vivir en un pueblo** means *I'm thinking of living in a village*, how would you say in Spanish:

- I'm thinking of learning Spanish;
- We're thinking of visiting Barcelona;
- I'm thinking of moving home?

---

To ask for an opinion you use **¿Qué piensas de ...?** or **¿Qué te parece ...?** *What do you think of ...?* and to answer you can say **Pienso que ...**, **Creo que ...** or **Me parece (que) ...**

**¿Qué te parece la zona? Me parece muy bonita.** *What do you think of the area? I think it's very nice.*

To say you agree with someone or something you use **Estoy de acuerdo (con) ...** *I agree (with) ...* or if you don't agree, **No estoy de acuerdo (con) ...** *I don't agree (with) ...*

En español

---

2   Two people have replied to Lyn's message.

   **a   Lyn, creo que ir a vivir a España es buena idea. ¿Quieres vivir en la ciudad o en un pueblo? Los pisos en la ciudad son muy caros. Es mejor vivir en un lugar tranquilo. Puedes comprar una casa y restaurarla.** *Paquita*

   **b   No estoy de acuerdo con Paquita. Me parece que es mejor vivir en la ciudad. Hay más colegios, más empresas y posibilidades de trabajo, más diversiones. Valencia, por ejemplo, es una ciudad magnífica.** *Luis*

Add your own message to the forum. Say you agree with Paquita. It's better to live in a village. Houses are cheaper and it's quieter. And the pace of life (**ritmo de vida**) is more suitable (**adecuado**) for a family with children.

**3**  **2•62** Next, Mike and Lyn visit a trade fair for people wanting to relocate to Spain. Mike talks to an expert about where to live. Answer as if you are Mike.

- **Buenos días, bienvenidos a *España para Todos*. ¿En qué puedo ayudarlos?**
- ◆ Say you and your wife are thinking of moving to Spain. You like the pace of life there. And the climate.
- **¡Ah, fantástico! ¿Ya sabe dónde quieren vivir en España?**
- ◆ Say you like the Mediterranean Coast but you're not interested in La Costa del Sol. There are too many tourists.
- **Muy bien. Puede ser Cataluña, o la Comunidad Valenciana ... ¿Tienen hijos?**
- ◆ Say you have two small children. You'd like to live in a place with good schools nearby (**cerca**).
- **Por supuesto. ¿Y cuáles son sus planes de trabajo?**
- ◆ Say you're a web designer and you can work from home for a Spanish or an English company. And your wife's a nurse.
- **Ah, bien. Con esas profesiones no van a tener problemas para trabajar. Y... ¿cuándo quieren ir a vivir a España?**
- ◆ Say you'd like to go to Spain next summer but you need to find a suitable house first.
- **¿Qué tipo de vivienda quieren?**
- ◆ Say you'd like a house in a village to restore.
- **Muy bien. Miren, aquí tengo una foto de la casa perfecta para ustedes.**
- ◆ You look at the photo and say, what a lovely house.

**4**  Mike and Lyn are given a form to fill in. Fill in the form using the information given above. **Traslado** is *move*.

Nombre esposo _____     Profesión _____

Nombre esposa _____     Profesión _____

Razones para vivir en España _____

Tipo de vivienda _____

Fecha de traslado a España _____

**5** They pick up some brochures about the Comunidad Valenciana. Read the extract and say whether the facts are **verdadero** or **falso**.

## La Comunidad Valenciana

El mar, el sol, las montañas … y las naranjas. La Comunidad Valenciana es una región del Mediterráneo. Al norte está Cataluña y al sur Murcia. Tiene su propia lengua: el valenciano. Las capitales de provincia son Castellón, Alicante y Valencia. Esta última es la tercera ciudad más importante de España.

La Comunidad Valenciana lo tiene todo: mar y magníficas playas mediterráneas, sol, montañas, Parques Naturales y cientos y cientos de campos de naranjos y limoneros a lo largo de la costa. Tiene ciudades grandes y pueblos tranquilos en el interior.

Valencia es una ciudad antigua, pero también es una ciudad moderna con La Ciudad de las Artes y de las Ciencias, un complejo educativo ultramoderno dedicado a las artes, las ciencias y la naturaleza. Su atracción más importante es un impresionante parque oceanográfico con delfines y otros animales marinos.

La cocina valenciana es famosa por la paella y todo tipo de platos elaborados con arroz, verduras y pescados. La Comunidad Valenciana es el lugar ideal para vivir, para jóvenes, mayores y niños. Es una comunidad llena de vida y de aventura…¡Ven a vivir con nosotros!

|  |  | V | F |
|---|---|---|---|
| a | La Comunidad Valenciana tiene su propia lengua. | ☐ | ☐ |
| b | La Comunidad Valenciana tiene tres provincias. | ☐ | ☐ |
| c | Valencia es la segunda ciudad más grande de España. | ☐ | ☐ |
| d | Valencia tiene un museo científico muy moderno. | ☐ | ☐ |
| e | Todos los pueblos son grandes en la Comunidad. | ☐ | ☐ |
| f | La Comunidad Valenciana es ideal para los niños. | ☐ | ☐ |
| g | El parque oceanográfico tiene leones y tigres. | ☐ | ☐ |
| h | Las verduras son famosas en la cocina valenciana. | ☐ | ☐ |

**6** After three days visiting the area and looking for the ideal place to live, Mike and Lyn seem to have agreed on what they want. Read Lyn's e-mail to her Spanish tutor and friend in England.

Querida Amparo:
¡Seguimos en España! Llegamos el lunes y mi amiga Marta nos recogió en el aeropuerto y fuimos a visitar la ciudad y los alrededores.
El lunes por la tarde visitamos la ciudad de Valencia. Nunca había estado allí antes. A mí me encantó la parte moderna con calles anchas, edificios altos y tiendas ... Me compré dos pares de zapatos, ya sabes ...

Now finish the e-mail as if you were Lyn, following these prompts:

- Say you'd like to live in Valencia but Mike doesn't agree. He prefers the small villages.
- Say on Wednesday you (both) went to the mountains and loved the views.
- Say you think it's probably (**probablemente**) better for the family to live in a very nice village 60km from Valencia.
- Ask your friend what she thinks.
- Say 'see you soon'.

¡**Enhorabuena!** You've completed *Talk Spanish 2* and should now have a broad enough grasp of the structures of Spanish to cope in everyday situations without being restricted to set phrases.

Don't expect to remember everything you've learnt. Many people find they need to revisit things several times before they really sink in. So go back occasionally, reading and listening to the units again.

The one really important thing to do is to *use* your Spanish. Whenever you can, talk to people and listen to Spanish, read anything you can lay your hands on and write things down.

# transcripts and answers

## Unit 1

### Page 8 Getting to know people

2 ● ¿Cómo te llamas?
   ◆ Me llamo **Anabel**.
   ● ¿Eres española?
   ◆ Sí, claro.
   ● ¿Dónde vives?
   ◆ Vivo **en Logroño, en el centro**, con mi familia.
   *Her name is Anabel and she lives in Logroño in the (town) centre.*

3 ● ¡Hola! **Me** llamo Patrick.
   ◆ Encantada, Patrick. ¿Eres inglés? ¿Americano?
   ● **Soy** irlandés. Y tú, ¿cómo **te** llamas?
   ◆ Lia.
   ● Y ¿de dónde **eres**?
   ◆ Soy **de** Rumanía, de Constanta. Soy rumana, pero **vivo** en Bucarest.
   ● Pues yo vivo **en** Inglaterra, cerca **de** Birmingham, con mi novia.

### Page 9 Talking about someone else

2 Os presento a Lia. Es rumana, de Constanta, en Rumanía, y vive en Bucarest.
   Se llama Patrick. Es irlandés, pero no vive en Irlanda. Él y su novia viven en Inglaterra, cerca de Birmingham.

3 ● ¿Estás casada?
   ◆ **Sí**, mi marido se llama **Manolo**. Bueno, Manuel.
   ● ¿Tienes hijos?
   ◆ Sí, tengo **dos**. **Un hijo y una hija.** Se llaman Andrés y **Laura**, la bebé.
   ● ¿Qué edad tiene?
   ◆ ¿Qué edad, yo? Oye ... ¡Eso es un secreto!
   ● No, no, no ... ¿Qué edad tiene Laura?
   ◆ ¡Ah!, Laura. Bueno, ella **tiene un año**.
   *a falso; b verdadero; c falso; d falso; e falso.*

### Page 10 Talking about work

2 ● ¿En qué trabajas?
   ◆ Trabajo en la construcción. Soy **electricista.**
   ● ¿En qué trabajas?
   ◆ Soy **actriz**, pero en este momento trabajo de **fontanera.**
   ● ¿Usted en qué trabaja?
   ◆ Soy **diseñador gráfico**. Trabajo desde casa.
   ● ¿Y usted?
   ◆ Soy **programadora.**
   ● Yo soy **secretaria de dirección**. Trabajo en una oficina en el centro de la ciudad.
   *Unticked: enfermero/a, agente immobiliario.*

3 ● Trabajo para una aerolínea. Soy secretaria de dirección desde **2002**.
   ● Trabajo de agente inmobiliario desde hace **trece** (13) años.

4 Soy cirujano y trabajo en Madrid desde 2002/desde hace cinco años.

### Page 11 Explaining why you're learning Spanish

2 ● ¿Por qué quieres aprender español?
   ◆ Porque me gustan mucho los idiomas.
   ● ¿Y tú?
   ◆ Porque quiero trabajar en Latinoamérica.
   ● ¿Y tú?
   ◆ Para hablar con la novia de mi hijo. Es ecuatoriana.
   ● Y tú, ¿por qué estudias español?
   ◆ Me interesa la cultura española.
   ● ¿Y tú?
   ◆ ¿Yo? ¡Me encanta España!
   ● ¿Por qué quieres aprender español tú?
   ◆ Porque me gustan la comida y los vinos españoles.
   ● ¿Por qué estudias tú español?

- ¿Yo? Por curiosidad, ¿por qué no?
- Me gusta pasar mis vacaciones en España.

*Not mentioned: Para viajar por España (to travel around Spain).*
*a 6; b 1; c 5; d 7; e 5; f 3; g 9; h 8; i 2.*

**3**
- Pauline, ¿por qué quieres aprender español?
- Para hacer un largo viaje a Latinoamérica, a Perú. Quiero visitar a una amiga peruana. Se llama Nuria.
- ¿Dónde vive?
- En Lima.

*To go on a long trip to Latin America. A Peruvian friend in Lima.*

### Page 12 Put it all together

**1** estudio, estudias, estudia, estudian
aprendo, aprendes, aprende, aprenden
vivo, vives, vive, viven

**2** *a 2; b 6; c 5; d 7; e 1; f 4; g 3.*

**3** *a* Me llamo Miguel Peña Rodríguez. Tengo treinta y dos años y soy peruano. Vivo en Valladolid desde hace quince años. Trabajo de consultor desde 2002.
*b* Os presento a Miguel Peña Rodríguez. Tiene treinta y dos años y es peruano. Vive en Valladolid desde hace quince años. Trabaja de consultor desde 2002.

### Page 13 Now you're talking!

**1**
- ¡Hola! ¿Cómo te llamas?
- **Me llamo Louise Preston.**
- Eres canadiense, ¿no?
- **No, soy australiana.**
- ¿Dónde vives?
- **Vivo en Londres.**
- ¿En qué trabajas?
- **Soy investigadora.**
- ¿Desde cuándo eres investigadora?
- **Desde hace siete años.**
- Y ¿por qué quieres aprender español?

- Porque me gusta viajar y quiero trabajar en España.

**2**
- ¡Hola! ¿Cómo te llamas?
- Iván, Iván Cámara. Encantado.
- ¿De dónde eres?
- Soy de Segovia.
- ¿Vives en Segovia?
- No. Vivo en Burgos desde hace seis años.
- ¿En qué trabajas?
- Soy diseñador gráfico. En este momento trabajo desde casa porque tengo una hija pequeña.
- ¿Cuántos años tiene tu hija?
- Tiene sólo seis meses. Es preciosa.

### Page 14 Quiz

*1 Using tú; 2 Os presento a José.;*
*3 tiene; 4 nombre, apellido;*
*5 desde hace; 6 -o; 7 me gusta;*
*8 para.*

# Unit 2

### Pages 16 & 17 Talking about times and saying when you do things

**2**
- ¿Cuál es el próximo vuelo para Bilbao?
- Hay uno a **las catorce y diez**, pero está completo. No hay plazas disponibles.
- ¿Y el siguiente vuelo?
- El siguiente sale a **las dieciséis horas** y hay otro a **las dieciocho y diez.**
- Entonces, ¿no hay vuelo antes de las cuatro?
- No, señor.

*Flights at 14.10, 16.00 and 18.10.*

**3**
- Hola, aquí Alejandro Ruiz. Deja tu mensaje después de la señal.
- Hola Alejandro, soy Mel. Mira, **llego a Bilbao a las cinco y diez de la tarde**. No hay vuelo disponible antes.

**4** Perdona. Cambio de planes. **Llego a las tres y veinte.**

**6** Bueno, pues por la mañana nos encontramos para el desayuno. **Empezamos** a las ocho y media y **trabajamos** en grupo hasta las once y cuarto, cuando **hacemos** una pausa para tomar café. Luego **volvemos** a trabajar hasta el almuerzo a las dos menos cuarto. Después de comer, hay tiempo libre para actividades diversas. **Nos encontramos** otra vez a las siete de la tarde para el aperitivo. A las nueve **cenamos** juntos.

**7** Llegamos a las ocho menos cuarto.; Tomamos un café a las doce y cuarto.; Trabajamos hasta el almuerzo a las dos y media.

### Pages 18 & 19 Talking about your routine and the working day

**2** *a* Me despierto a las siete. *(wake up)*
   *b* Me levanto a las siete y media. *(get up)*
   *c* Normalmente me levanto a las ocho. *(get up)*
   *d* Me despierto a las siete menos cuarto. *(wake up)*
   *e* Me levanto normalmente a las nueve menos diez. *(get up)*
   *f* Me despierto temprano, sobre las seis y media. *(wake up)*

**3** ● Alejandro, ¿a qué hora te levantas normalmente?
   ◆ **Me despierto** temprano, **sobre las seis y media**, y normalmente **me levanto a las siete**. Después del trabajo voy al gimnasio, hay un gimnasio cerca de mi oficina. Luego me ducho y vuelvo a casa para cenar. **Me acuesto sobre las doce.**
   *He wakes up at about 6.30, gets up at 7.00, goes to bed at about twelve.*

**4** Me despierto a las ...; me levanto a las ...; me acuesto a las ...

**6** Alejandro y yo nos despertamos temprano, sobre las seis y media.

Alejandro se levanta a las siete, pero yo me levanto a las ocho. Trabajo desde casa; soy diseñadora de páginas web, pero Alejandro viaja en tren todos los días; trabaja en Bilbao. Sale de casa a las siete y veinticinco. Por la tarde, casi siempre va al gimnasio para hacer ejercicio y vuelve a casa sobre las ocho. Luego cenamos a las nueve, bueno, a las nueve menos cuarto. Vemos la tele y nos acostamos normalmente a las doce.
*Me levanto a las 8. (C); Trabajo desde casa. (C); Salgo de casa. (A); Viajo en tren. (A); Llego a la oficina. (A); Vuelvo a casa. (A); Ceno a las nueve. (A&C); Me acuesto a las doce. (A&C)*

**7** ¿A qué hora te levantas? ¿A qué hora te acuestas?
   ¿A qué hora sales de casa? ¿A qué hora vuelves a casa?

### Page 20 Put it all together

**1** *a* 4; *b* 5; *c* 7; *d* 6; *e* 2; *f* 1; *g* 3.

**2** *a* salgo; *b* trabajamos; *c* voy, hago; *d* va; *e* vuelven; *f* se levantan.

**3** *a* a las siete y media de la mañana
   *b* a las ocho de la tarde;
   *c* a las cinco menos cuarto de la tarde
   *d* a las seis y veinte de la mañana
   *e* a las once de la noche

**4** Normalmente me despierto temprano; me levanto sobre las siete y media; luego me ducho; voy al trabajo en tren todos los días; vuelvo a casa sobre las siete; casi siempre veo la tele; y me acuesto tarde.

### Page 21 Now you're talking!

**1** ● Andy, ¿dónde vives?
   ◆ **Vivo en Colchester.**
   ● Pero trabajas en Londres, ¿no?
   ◆ **Sí, soy contable y trabajo en Londres.**

- ¿A qué hora te levantas normalmente?
- ✦ Me despierto a las siete y me levanto a las siete y diez.
- ¿Y a qué hora sales de casa?
- ✦ Salgo a las ocho menos cuarto.
- ¿Viajas en tren?
- ✦ Sí, todos los días.
- ¿A qué hora vuelves a casa por la tarde?
- ✦ Vuelvo sobre las siete y media.

2 ● ¿A qué hora se levanta Andy?
- ✦ Se levanta a las siete y diez.
- Andy trabaja en Londres, ¿verdad?
- ✦ Sí, es contable y va a Londres todos los días.
- Y tú, ¿ en qué trabajas?
- ✦ Soy dentista. Trabajo aquí en Colchester.
- Y te gusta hacer ejercicio, ¿no?
- ✦ Sí, voy al gimnasio todos los días.
- ¿Cenáis juntos por la noche?
- ✦ Sí, cenamos juntos en casa.
- ¿A qué hora cenáis?
- ✦ Normalmente sobre las ocho.

**Page 22 Quiz**

*1 15.35; 2 temprano; 3 timetable; 4 setenta y dos; 5 Nos; 6 Salimos a las cinco y media y llegamos a las siete.; 7 viaja en tren.; 8 voy = I go, ir = to go.*

# Y además ... 1

**Pages 23-26**

1 ● Hola Mariano. **Soy** Luis Carlos Carmona. ¿Te acuerdas de mí? De la universidad...
- ✦ Por supuesto. ¡Cuánto tiempo! ¿Qué tal?
- Muy bien. ¿Dónde **vives** ahora?
- ✦ Pues en Salamanca, ¿y tú?
- Yo **vivo** en León desde hace cinco años. ¿Y dónde **trabajas**?
- ✦ **Trabajo** para una empresa química como técnico de sistemas.

Y tú, ¿qué **haces**?, ¿**sigues** con la informática?
- ● Pues sí y no. Ahora **enseño** Informática en un instituto.
- ✦ ¡Qué bien!
- ● Oye, ¿**estás** casado?
- ✦ Bueno, ahora no, **estoy** divorciado, desde 2002. **Tengo** una hija, ¿y tú?
- ● Sí, **estoy** casado. Mi mujer se **llama** Rita. Es argentina y **trabaja** para una multinacional. **Vivimos** en un chalet a las afueras de León.
- ✦ ¿Y vosotros tenéis hijos?
- ● No, no **tenemos** hijos todavía. **Estamos** casados desde hace dos años solamente.
- ✦ Oye, ¿por qué no venís tú y Rita un fin de semana a Salamanca? León y Salamanca no están lejos ...
- ● ¡Qué buena idea!

3 *a verdadero; b falso, su hija estudia chino, no su nuera; c falso, viven cerca de ella; d verdadero; e verdadero.*

4 Susana es piloto desde 2003. Diego es periodista desde hace siete años. Federico es cantante desde hace cinco años. Estrella es oculista desde 1998.

5 **John and Ann Fisher:** Queremos vivir en España **por** el clima tan bueno. **Luke:** Soy músico. Quiero ir a España **para** estudiar guitarra clásica. **Angela:** Mi novio es español. Voy a España **para** poder estar juntos. También quiero trabajar **para** una empresa española. **Moira and Paul:** ¿Por qué? Bueno, pues **por** el ritmo de vida, más tranquilo que en Inglaterra, y **por** el sol. Ah, y **para** aprender bien español.

6 ¡Tiene trabajo! Sí, es guía turística en Zaragoza y le gusta mucho el trabajo. Así es un día típico: se levanta a las siete, se ducha, casi nunca desayuna y sale a las siete y media.

Normalmente coge el autobús hasta la Plaza del Pilar. Allí se reúne con sus compañeros en la Oficina de Turismo. Juntos tienen una reunión de una hora y planean las rutas y estudian la información. Es muy interesante. Luego se reúnen para comer también. Casi siempre comen en un bar cerca de la oficina. Se ocupa de grupos pequeños. La gente viene de todas partes del mundo y practica el inglés y el francés. Visitan los lugares más importantes de Zaragoza. Termina sobre las seis de la tarde y vuelve a casa a las seis y media ¡muy cansada! Se acuesta sobre las once.

# Unit 3

### Pages 28 & 29 Getting local information and advice

**2** guía de senderismo *guide to trekking;* mapa de carreteras *street map;* folleto turístico *tourist leaflet,* plano de la ciudad *town plan,* lista de hoteles *hotel list,* horario de visitas guiadas *timetable of guided visits;* calendario de actividades *calendar of events;* horario de apertura *opening times;* guía gastronómica *food and wine guide;* mapa de la zona *map of the area.*

**3** ● Hola. ¿Qué desea?
  ◆ ¿Tiene **un plano de la ciudad**?
  ● Sí, aquí tiene. Y también puede coger **un mapa de la zona.**
  ◆ Gracias.

  ● Perdone, ¿hay visitas guiadas al castillo?
  ◆ Sí, en este folleto hay un **horario de visitas guiadas**. Se puede hacer aquí la reserva.
  ● Estupendo.

  ● ¿Hay algún restaurante por aquí?
  ◆ ¡Uy! ¡Hay muchos! Mire en la **guía gastronómica**. Puedo aconsejarle Casa Martín, en la Plaza Mayor.

● Quisiera visitar el Museo de Arqueología. ¿Me puede decir a qué hora abre?
◆ A las diez, pero aquí hay **un folleto turístico** que tiene el **horario de apertura**.

**4** ● Buenos días. ¿**Se puede comprar esta guía de senderismo**?
  ◆ No, es gratis. Puede cogerla.
  ● Gracias.
  *No, it's free.*

### 6 & 7
  ● ¿Qué se puede hacer en la zona?
  ◆ Bueno, pues esto es Cuenca, y aquí ¡se **puede** hacer de todo! Si **les interesa** el arte, **pueden** ver la catedral gótica y el casco antiguo. Si **les gusta** andar, **pueden** ir a veinte minutos de la ciudad, en coche o en bicicleta, y pasear por la Serranía de Cuenca, con unos paisajes espectaculares. Si **prefieren** hacer senderismo, **pueden** seguir alguna ruta de la provincia; pero no se pierdan lo más típico de Cuenca: las Casas Colgadas, casas sobre una roca, del siglo XV. Una de las casas contiene el Museo de Arte Abstracto.

### Page 30 Talking about leisure interests

**2** ● ¡Hola José Miguel! Oye, ¿qué haces los fines de semana?
  ◆ Pues voy a la piscina, me encanta **nadar**. Y luego, pues ... me gusta **jugar al fútbol**. Soy hincha del Real Madrid.
  ● Y a ti, Ester, ¿qué te gusta hacer? ¿Te interesan los deportes?
  ◆ Bueno, me gustan **los deportes náuticos**, me encanta el mar... Lo que más me gusta es **el buceo**.
  ● Y a ti, Maricruz, ¿te gustan a ti los deportes náuticos?
  ◆ No, no me gustan nada. Prefiero los deportes de equipo, como **el baloncesto** y **el balonmano**.

*José Miguel: swimming; football*
*Ester: water sports, scuba diving*
*Maricruz: basketball and handball.*
*a  Soy hincha del Real Madrid.*
*b  Lo que más me gusta es el buceo.*

**3** ● ¿Os gustan las montañas?
  ◆ Nos gusta mucho andar. En verano
  hacemos etapas del Camino de
  Santiago. Nos gusta **pasear por los**
  **largos senderos, estar en contacto**
  **con la naturaleza** y **descubrir**
  **nuevos pueblos.** Nos encanta
  **gozar de la paz y el silencio.**
  También nos interesa el arte y la
  arquitectura. Nos gusta **visitar**
  **castillos e iglesias,** pero a mí lo
  que más me gusta es **conocer a**
  **personas de todas partes**, todas
  con su historia particular. ¡Es una
  experiencia única!

**Page 31 Planning an activity**

**2** ● Me gustaría hacer una excursión
  guiada a los Picos de Europa. ¿Se
  puede reservar aquí?
  ◆ No hace falta reservar. La salida es
  todos los días a las ocho y media
  de la mañana. La excursión dura
  cinco horas. Es necesario llevar
  calzado adecuado, como botas de
  andar. Y es aconsejable llevar jersey
  y chubasquero porque el clima
  cambia rápidamente.
  *Not mentioned: It's important to bring*
  *food and water.*

**3** ● ¿Nos vamos a explorar la zona un
  poco mañana?
  ◆ Sí, claro. Vamos en coche, ¿no?
  ● O podemos alquilar unas motos ...
  ◆ ¡Ir en moto! ¡Fantástico!
  ● Pues a mí no me gustan nada las
  motos.
  *He suggests hiring motorbikes. Patricia*
  *thinks the idea is great but Agustín*
  *doesn't like bikes at all.*

**4** ● Alquisa ¿dígame?

◆ Buenos días. Quisiera alquilar tres
  bicicletas.
● ¿Para cuándo?
◆ Para mañana por la mañana, de las
  nueve a las dos.
● Muy bien.
◆ ¿Cuánto cuestan?
● Una bici cuesta cinco euros por
  hora o veinte euros por día.
◆ ¿Me puede hacer un descuento?
● No por tres bicicletas. Ofrecemos
  descuentos a grupos de cinco
  bicicletas mínimo.
◆ ¿Se puede pagar con tarjeta?
● Por supuesto. Necesito el número
  de su DNI.
*a  From nine until two: five hours;*
*b  €5 per hour or €20 per day, discount*
*only for groups of five minimum;*
*c  pays by card.*

**Page 32 Put it all together**

**1** *a* 6; *b* 4; *c* 5; *d* 7; *e* 3; *f* 1; *g* 2.

**2** *a* te; *b* os; *c* les; *d* os; *e* le.

**3** *a*  Me gusta andar pero no me
  interesa el senderismo.
  *b*  Me gusta visitar las iglesias y los
  museos.
  *c*  Me encantan el fútbol y el
  baloncesto.
  *d*  No me interesa nada el cine.
  *e*  Lo que más me gusta es cocinar.

**4** I have a lot of hobbies. At weekends
  I like going shopping and going out
  with my friends to the cinema or to
  dance. We also go to the beach to
  sunbathe and swim.
  I'm interested in art, but especially
  in music, jazz in particular. I play the
  piano and the guitar.
  In winter, I like going skiing in the
  Pyrenees. And you, what do you like
  doing?

**Page 33 Now you're talking!**

**1** ● Buenos días. ¿Qué desean?

◆ **Hola. ¿Tiene un plano de la ciudad?**

● Sí, aquí tienen uno.

◆ **¿Qué se puede hacer en Tarragona?**

● ¡Pues muchas cosas! Si les interesa el arte, el casco antiguo de la ciudad es impresionante. Y si les interesa la naturaleza, aquí hay una guía también.

◆ **Nos interesa el arte. ¿Hay excursiones guiadas?**

● Sí, hay un autobús cada media hora que recorre la ciudad.

◆ **¿Tiene una guía de la zona?**

● Sí, ésta es una guía de la zona. Pueden visitar la costa mediterránea y también el Delta del Ebro. Tienen coche, ¿no?

◆ **No, no tenemos coche. ¿Se puede alquilar una moto?**

● Sí, pueden llamar por teléfono a este número.

◆ **¿Hay un buen restaurante cerca?**

● Bueno, los mejores restaurantes están en la costa. Aquí tienen un folleto de la gastronomía típica.

**2** ● **¿Qué haces el fin de semana?**

◆ Bueno, no mucho ... voy de compras, salgo con los amigos, vamos al cine o a la discoteca ... vamos a cenar ...

● **¿Te gustan los deportes?**

◆ Sí, me gusta jugar al tenis y nadar.

● **¿Te interesa el fútbol?**

◆ ¿El fútbol? ¡Por supuesto!. Soy hincha del Barça. Y tú, ¿qué haces en tu tiempo libre?

**3** A bit of shopping, he goes out with friends, they go to the cinema, to the nightclub; they eat out.

## Page 34 Quiz

*1 the opening hours; 2 puedes; 3 les gusta; 4 you'd wear it, it's a cagoule; 5 they all refer to* **ustedes** *– the formal 'you' plural or the third person plural 'they'; 6 camino (road or route) others*

*are all found in a tourist office; 7 Se puede; 8 Don't miss.*

# Unit 4

## Page 36 Reading property descriptions

**1** *a* chalet adosado, casa de pueblo, apartamento, piso dúplex, ático

*b* dormitorio, baño, cocina, salón-comedor, bodega, trastero, sala de estar

*c* terraza, garaje, jardín, piscina, parcela

*d* *(to choose from)* amplio, magnífico, espacioso, luminoso, grande, moderno, precioso, soleado, antiguo, céntrico, bien comunicado, tranquilo.

## Page 37 Describing a home

**2**

*a* ● Perdón, ¿me pueden describir su casa?

◆ Bueno, pues vivimos en un **dúplex** a quince minutos del centro. Nuestro piso es bastante **grande** y **luminoso**. Tiene tres dormitorios y dos baños. Tenemos una plaza de garaje y hay jardín comunitario.

*b* ● Perdone señora Almeida, ¿me puede describir su casa?

◆ Sí, mire, vivo en una **casa de pueblo**. Está en un pueblo cerca de aquí. Mi casa es de piedra. Es **antigua** pero **reformada** por dentro. Tiene cuatro dormitorios. Es muy acogedora. También tiene un jardín muy grande. A mí me gusta la jardinería.

*c* ● Perdón, ¿cómo es vuestra casa?

◆ No tenemos casa, pero alquilamos **un estudio**. Es de **nueva construcción** y muy **pequeño**, de un dormitorio. Pero es **céntrico**, y está cerca del trabajo, de las tiendas y del transporte.

**3** Vivo en una casa de pueblo. **Está** en un pueblo cerca de aquí. Mi casa **es** de piedra. **Es** antigua pero reformada. **Es** muy acogedora.

**4** • ¿Cómo es su casa?
♦ Abajo tenemos una cocina muy grande y un comedor. También hay un baño completo y una sala para los niños. Arriba hay tres dormitorios, un baño y un salón.
• ¿Tenéis jardín?
♦ No, porque vivimos en un bloque de edificios. Pero hay unos jardines comunitarios y un parque infantil.
• ¿Y garaje?
♦ Sí, tenemos dos plazas de garaje.
• ¿Os gusta la zona?
♦ Sí, es muy tranquila, pero está cerca del centro y de los colegios de los niños.
*a three bedrooms and two bathrooms; b garage and a communal garden; c children's playground, near the schools.*

### Page 38 Enquiring about renting a property

**2** Yes, it would suit him as the beach is only 15 minutes away and the village is 2km. It would cost €500 for a room for two weeks in August.

**3** • ¿Dígame?
♦ Hola ¿Es la casa rural 'El Mirón'?
• Sí, aquí es. ¿Qué desea?
♦ Mire, llamo desde Inglaterra. Quisiera alquilar una casa rural en Asturias en agosto. ¿Me puede dar información sobre su casa?
• Por supuesto.
♦ ¿Cuántas habitaciones tiene?
• Cuatro dobles. Dos con camas dobles y dos con dos camas.
♦ ¿Y cuántos baños?
• Todas las habitaciones tienen baño.
♦ ¿Tiene jardín?
• Sí. Hay un patio detrás de la casa

y se puede hacer barbacoas. Y hay una pequeña piscina.
♦ ¿Tiene aparcamiento?
• Sí, para cuatro coches.
♦ ¡Ah bien! ¿Qué tiene la cocina?
• La cocina está totalmente equipada.
♦ ¿A qué distancia está de la playa?
• A unos veinticinco km.
*a four double rooms; b they all have bathrooms; c yes, a patio with barbecue and a small swimming pool; d yes, for four cars; e kitchen is fully equipped; f about 25 km.*

### Page 39 Looking round a house

**2** • Bueno, aquí están la terraza y las vistas al mar.
♦ ¡Qué vistas tan **bonitas**!
• Aquí tienen la sala de estar.
♦ Es muy **espaciosa.** Y con mucha luz.
• Aquí está la cocina, totalmente **equipada.** Miren, tiene vitrocerámica, frigorífico, lavavajillas, microondas, lavadora.... bueno, de todo.
♦ Sí, sí, es muy **completa.**
• Aquí arriba tienen tres dormitorios. Y uno con baño *en suite.*
♦ Este dormitorio es bastante **pequeño.** Y un poco **oscuro.**
• Sí, pero mira éstos. ¡Son **enormes**!

**3** *a* Piso céntrico con plaza de garaje: doscientos cinco mil euros.
*b* Magnífico chalet con parcela: cuatrocientos veintitrés mil euros.
*c* Apartamento de lujo en primera línea de playa: trescientos ochenta y siete mil euros.
*d* Dúplex en nueva urbanización: seiscientos veinticinco mil euros.
*a 205.000€; b 423.000€; c 387.000€; d 625.000€.*

### Page 40 Put it all together

**1** *a salón-comedor; b sala de estar;*

c cocina; d baño; e dormitorio;
f terraza; g jardín; h garaje.

2 amplio-pequeño, moderno-antiguo,
luminoso-oscuro, rural-urbano,
reformado-para restaurar, doble-
sencillo.
*The remaining word is **bodega** (cellar).*

3 a **SE VENDE** Casa de piedra cerca
de las montañas, para restaurar.
Terraza soleada. Tiene jardín
grande y piscina. Tres dormitorios
con dos baños (uno *en suite*). Hay
garaje para dos coches. Vistas
magníficas.

b **SE ALQUILA** precioso apartamento
en un 5° piso, a 500 m de la
playa. Dos dormitorios, un baño.
Es céntrico y está cerca de las
tiendas y de la estación. Cocina
totalmente equipada. Salón-
comedor espacioso. Tiene aire
acondicionado.

**Page 41 Now you're talking!**

1 ● El Cortijo, ¿dígame?
   ◆ **Quisiera alquilar un chalet en
   Almería. ¿Me puede describir El
   Cortijo?**
   ● Es un chalet precioso, con piscina y
   jardín.
   ◆ **¿A qué distancia está de la playa?**
   ● Bueno, la playa está a treinta
   kilómetros pero hay un Parque
   Natural a cinco kilómetros.
   ◆ **¿Cuántas habitaciones hay?**
   ● Hay tres habitaciones. Pero tiene
   capacidad para diez personas.
   ◆ **¿Y cuántos baños hay?**
   ● Un baño en el primer piso.
   ◆ **¿Hay lavadora?**
   ● Sí, por supuesto.
   ◆ **¿Hay lavavajillas?**
   ● No, no hay.
   ◆ **Gracias, y adiós.**

2 ● ¿Cómo es la casa?
   ◆ **Es un chalet muy bonito y**

moderno, con magníficas vistas al
mar.
● ¿Dónde está?
◆ **Está cerca del pueblo y a dos
kilómetros de la playa.**
● ¿Cuántas habitaciones tiene?
◆ **Tiene cinco habitaciones dobles.**
● ¡Qué grande! ¿Y cuántos baños?
◆ **Hay cuatro, tres *en suite*.**
● ¿Tiene jardín?
◆ **Tiene un jardín pequeño y
piscina. El jardín tiene barbacoa.**
● Bueno, ¡pues que lo pasen bien en
Nerja!

**Page 42 Quiz**
*1 agencia inmobiliaria; 2 a terraced
house; 3 habitación; 4 está, es;
5 ¡Qué bonita!; 6 cooking – it's a
ceramic hob; 7 su; 8 bastante.*

# Y además ... 2
**Pages 43-46**

1 *1b; 2a; 3d; 4c.*

2 *a* ✔ ✔ *; b* ✗ ✔ *; c* ✗ *?; d* ✔ *? ; e* ✔ ✔
*f* ✔ *?; g* ✔ ✔ *; h* ✔ ✔ *; i* ✔ ✔ *; j* ✔ *?*

3 Dear Sir,
We've seen the advert for your house
on the internet and we're interested
in spending ten days there from 1-15
next October.
We'd like confirmation of the
following: has the house got parking
space or a garage? How much would
it cost for four people (my wife and I
and our two children of 15 and 17)?
Are VAT and insurance included in
the price? What facilities does the
kitchen have?
Thank you for the information.
Yours sincerely,

4 Estimado señor:
Mis amigos y yo quisiéramos reservar
su casa por una semana, del 28 de

julio al 4 de agosto. ¿Está la casa
disponible esa semana? ¿Se pueden
alquilar bicicletas? ¿Tiene una
habitación para una pareja y un niño?
Atentamente

**6** *a mis; b tus; c su; d sus; e sus;
f tu; g tu; h vuestra; i nuestra.*

**7** Se vende piso *Flat for sale*
Se alquila casa *House to let*
No se puede aparcar *No parking*
Se busca casa rural *Country house
wanted*
Se habla español *Spanish is spoken*
Se prohíbe fumar *No smoking*
No se admiten perros *Dogs are not
allowed*

# Unit 5

### Pages 48 & 49 Asking the way and following directions

**2** ● Oiga, perdone, ¿dónde está la
comisaría?
◆ ¿La comisaría? Pues está en la calle
2 de Abril. ¿Vais a pie?
● Sí.
◆ A ver … un poquito lejos. Bueno, id
**todo recto, hasta el semáforo**, y
seguid … luego, bueno a ver …
tenéis que tomar la segunda, no **la
tercera calle a la izquierda en
dirección a la plaza** San Mateo.
Luego, cruzad **al otro lado** de la
plaza. Tomad la avenida Barcelona.
Sí, y luego … tenéis que tomar **la
primera a la izquierda**. Se llama
calle 2 de Abril y la comisaría está
**al final de la calle**. Está claro,
¿verdad?
*Unticked - La primera a la derecha.*

**3** Id todo recto hasta el semáforo.
Cruzad al otro lado de la plaza.
Tomad la avenida Barcelona.

**4** Vamos todo recto hasta el semáforo,
seguimos … y luego tenemos que
tomar la tercera calle a la izquierda

en dirección de la plaza y cruzamos
al otro lado. Tomamos la avenida
Barcelona y luego la primera calle a la
derecha. Está allí al final.
*One important difference: from the
Avenida Barcelona they need to take
the first street on the <u>left</u> – calle 2 de
Abril, not the right.*

**6** ● Perdona, ¿hay un cajero
automático por aquí?
◆ Hay uno a unos diez minutos a pie.
Sigue todo recto hasta el semáforo,
y después toma la segunda calle a
la izquierda y vete hasta la plaza.
El banco con el cajero está a la
derecha.
*The bank with the cash point is A.*

**7** ● Oye, perdona, ¿se va por aquí a la
comisaría?
◆ No, no. No es por aquí. La
comisaría está bastante lejos, a
unos veinticinco minutos a pie.
Pero podéis coger un autobús.
● Ah, bueno. ¿Qué autobús cogemos?
◆ Coged el autobús número
diecinueve. La parada está ahí
mismo. Tenéis que bajar en la
avenida Barcelona, en la parada
después de la plaza San Mateo. La
comisaría está en la primera calle a
la izquierda, al fondo de la calle.
● La parada después de la plaza San
Mateo. Perfecto, muchas gracias.
*a 25 minutes; b 19; c right there;
d the stop after the plaza San Mateo;
e on the first street on the left, at the
end of the road (calle 2 de Abril).*

### Page 50 Explaining what's happened

**2** ● ¿Dígame?
◆ Hola Carlos, soy Elsa. Lo siento,
pero no podemos comer contigo
hoy.
● ¿Por qué? ¿**Qué ha pasado**?
◆ Es que **he perdido** mis
documentos, el pasaporte y el
carné de conducir.

- ¿**Has ido** a la comisaría? ¿**Has puesto** una denuncia?
- ◆ Sí, ahora vamos a la comisaría en el autobús.
- ¿**Has mirado** bien en tu bolso?
- ◆ Sí, pero no están ahí. Bueno Carlos, tengo que irme. Nos vemos mañana.
- ¡Buena suerte en la comisaría!
- ◆ Gracias. Adiós.

3 • ¿Sí?
- ◆ Hola Elsa, soy Ana.
- Mira Ana, no puedo hablar contigo en este momento. Vamos a la comisaría. Hemos perdido los documentos.
- ◆ ¿Hemos?
- Bueno, he perdido el pasaporte y ...
  *Roberto's annoyed because she says* <u>we've</u> *lost, rather than* <u>I've</u> *lost.*

## Page 51 Reporting a problem

2 • ¿Me puede decir qué ha pasado?
- ◆ Esta mañana hemos perdido el pasaporte y el carné de conducir. Bueno, yo los perdí. Salí del hotel a las nueve y fui a la estación de metro. Luego fui al servicio. Cuando abrí el bolso para comprar el billete, tomé la cartera pero no vi ni mi pasaporte ni mi carné de conducir. Volví al hotel pero no los encontré.
- Siéntese aquí. Tiene que rellenar este formulario.
  *Order of events: salí del hotel, fui a la estación, fui al servicio, abrí el bolso, tomé la cartera, no ví mi pasaporte ni mi carné de conducir, volví al hotel, no los encontré.*

4 a Fui a un restaurante y luego fui al servicio.
b Cuando volví no encontré el bolso.

## Page 52 Put it all together

1 a ¿Has mirado bien?
b No fui a la comisaría.

c Hemos puesto una denuncia.
d Girad a la derecha.
e ¿Se va por aquí a ...?
f ¿Qué ha pasado?

2 a ¿Has visto mi portátil?
b He perdido la cartera y el móvil.
c Ha mirado por todas partes.
d ¿Ha rellenado el formulario?
e Todavía no hemos salido.

3 La semana pasada **fui** de vacaciones a Andalucía. **Viajé** a muchos lugares importantes y **visité** Córdoba y Granada. En Granada **comí** en un restaurante típico y luego **fui** a visitar la Alhambra. **Pasé** mucho tiempo allí y luego **volví** al hotel. Por la noche **cené** a las diez. ¡Qué tarde!

## Page 53 Now you're talking!

1 • **Oiga, perdone.**
- ◆ Sí, dígame.
- **¿Dónde está el Ayuntamiento?**
- ◆ Está en la Plaza Mayor.
- **Oiga, perdone. ¿Se va por aquí a la Plaza Mayor?**
- ◆ Sí, es por aquí. Está bastante cerca. Seguid por esta calle hasta el semáforo, luego cruzad y coged la segunda a la derecha. La Plaza Mayor está al final de la calle. Está claro, ¿verdad?
- **Sí, está muy claro. Muchas gracias.**

2 Tenemos que seguir esta calle hasta el semáforo, luego tenemos que cruzar y coger la segunda calle a la derecha. La Plaza Mayor está al final de la calle.

3 • ¿Sí?
- ◆ Hola Marcos. ¿Qué ha pasado?
- He perdido mi móvil..
- ◆ **¿Has mirado bien en la oficina?**
- Sí, sí. No está allí.
- ◆ **¿Has puesto una denuncia?**
- Sí, fui a la policía esta mañana, pero lo perdí ayer. Después del trabajo fui con Luisa al restaurante ...   .

- Probablemente has dejado el móvil allí.
- Seguramente.

**Page 54 Quiz**

*1 Oficina de objetos perdidos;
2 denuncia; 3 one person; 4 hasta;
5 volved, mirad; 6 what's happened;
7 -ar ; 8 La semana pasada fui de vacaciones a Colombia.*

# Unit 6

**Pages 56 & 57 Talking about going on holiday and about past holidays**
- ¿Adónde vais de vacaciones este año?
- Vamos al Pirineo aragonés. *(c)*

- Y tú, ¿dónde vas a ir de vacaciones de verano?
- Pues voy con mis amigos a una casa rural en Asturias. *(a)*

- ¿Dónde vas a ir de vacaciones este año?
- Normalmente paso dos semanas en la Costa Brava con mi familia, pero este año vamos a visitar Galicia. *(e)*

- Y ustedes, ¿dónde van a ir de vacaciones de verano?
- ¿Este año? Pues vamos unos días a la playa. *(d)*

- ¿Dónde vas a ir de vacaciones este verano?
- Este verano no voy a ir de vacaciones. Tengo que estudiar. *(f)*

3 • Perdone, ¿adónde **va** a ir usted de vacaciones este verano?
- Mire, **voy** a ir a Estados Unidos a un Congreso. Luego mi familia **va** a visitarme y todos juntos **vamos** a ir de vacaciones a California. **Vamos** a pasar una semana en San Francisco.

5 • Oye, ¿adónde fuiste el año pasado?

- Fui a Costa Rica para visitar a mi abuela.
- ¡Fantástico! ¿Y cuánto tiempo pasaste allí?
- Seis semanas. **Llegué** a San José en junio y **viajé** por todo el país. **Visité** muchos sitios interesantes, sobre todo los Parques Nacionales, que son impresionantes, y **conocí** a mucha gente. **Volví** a España a principios de agosto.
- ¡Vaya vacaciones! ¡Qué suerte!

6 • Fue a **Costa Rica** en junio y **viajó** por todas partes. **Visitó** muchos sitios interesantes y **conoció** a mucha gente. **Volvió** a España en agosto.

**Pages 58 & 59 Describing a weekend away and at home**
2 • Hola, ¿qué tal el fin de semana?
- ¡Ah!, lo pasé muy bien.
- ¿Dónde fuiste?
- Fui con Lucas a Peñíscola, en la Costa de Azahar. El sábado fuimos a Morella, un pueblo medieval en las montañas. Salimos pronto por la mañana en coche. Cuando llegamos, aparcamos fuera del pueblo. Luego caminamos por el pueblo y subimos a pie al castillo. Desde allí hay unas vistas magníficas de la zona e hicimos muchas fotos. Luego comimos una paella en un restaurante en la Plaza Mayor.
- Mm ... ¡Qué suerte! ¿Pasasteis allí todo el día?
- Sí, después de comer compramos productos artesanos en las pequeñas tiendas. Volvimos a Peñíscola sobre las siete de la tarde. Fue un día maravilloso.
*Correct order: d, a, e, f, h, b, g, c.*

3 • Hola Martín, ¿qué tal el fin de semana?

- ◆ ¡Ah!, lo pasamos muy bien.
- • Tú y Yolanda fuisteis a jugar al golf, ¿no?
- ◆ No, no. Fuimos a esquiar al Pirineo.

- • Mercedes, el mes pasado fuiste a Escocia, ¿verdad?
- ◆ Sí, fui con mis amigos a Edimburgo. Visitamos el castillo, muy bonito.

- • Hola Óscar, no te vi ayer. ¿Qué hiciste?
- ◆ Ayer estuve en Barcelona con mi mujer. Vimos una exposición.

*Martín y Yolanda: Fueron a esquiar el fin de semana.*
*Mercedes y sus amigos: Fueron a Edimburgo, visitaron el castillo, el mes pasado.*
*Óscar y su mujer: Estuvieron en Barcelona. Vieron una exposición ayer.*

5 • Abel, te llamé el sábado. Te dejé un mensaje en el móvil.
- ◆ ¿El sábado? ¡Ah, sí! Ayudé a mis padres a cambiarse de casa. Pasé todo el día con ellos.
- • ¡Ah, claro!
- ◆ Y el domingo no vi a nadie. Estuve en casa y trabajé un poco en el ordenador, mandé unos e-mails, vi la tele, nada especial. ¿Qué tal tu fin de semana?
- • ¡Uy¡ Fue muy aburrido.
- ◆ ¿No saliste?
- • No. Me quedé en casa y no hice nada especial, ya sabes. El sábado limpié la casa, lavé la ropa, planché, escuché música ...
- ◆ ¡No está mal!
- • Bueno, el domingo salí un poco. Vino Arturo y fuimos al cine. Después cenamos en un restaurante italiano.

*No vio a nadie el domingo. (A); Ayudó a sus padres. (A); Se quedó en casa el sábado. (M); Limpió la casa. (M); Salió*
*un poco. (M); Trabajó en el ordenador. (A); No hizo nada especial. (A); Mandó e-mails. (A); Escuchó música. (M); Lavó y planchó. (M)*

6 Me quedé en casa y trabajé en el ordenador; Mandé un e-mail/correo electrónico a Max y llamé a mis padres; Limpié la casa y escuché la radio.

### Page 60 Put it all together

1 *a* vas; *b* va; *c* vamos; *d* va; *e* vais; *f* voy; *g* van.

2 *a* Ayer limpié la casa y planché.
*b* La semana pasada Juan fue a la estación para tomar el tren de las 9.
*c* El verano pasado estuvimos de vacaciones en Tenerife.
*d* ¿Qué hiciste el fin de semana pasado?

3 Hola Mariano
Saludos desde Guatemala. **Llegué** el sábado pasado, después de un largo viaje. El domingo **fui** a Chichicastenango, una ciudad colonial en las montañas. **Salí** del hotel a las seis de la mañana y **volví** a las tres de la tarde. **Visité** la ciudad, **compré** muchas cosas en el mercado indio e **hice** muchas fotos. Todo muy bonito. Hasta pronto. Carmen.

### Page 61 Now you're talking!

1 • Señores, ¿van a ir de vacaciones este año?
- ◆ **Sí, vamos a la playa a Galicia.**
- • Una región preciosa. ¿Se van a quedar en un hotel?
- ◆ **No, nos vamos a quedar en nuestro apartamento en Pontevedra.**
- • ¿Cuánto tiempo van a estar?
- ◆ **Vamos a estar allí cuatro semanas.**
- • ¡Un mes! ¡Qué suerte!

2 • ¿Fuiste de vacaciones?

- Sí, fui a Sierra Nevada. Fui con unos amigos.
- ¿Qué hicisteis?
- Fuimos a esquiar.
- ¿Cuánto tiempo estuvisteis?
- Estuvimos diez días. Lo pasamos muy bien.

3
- ¿Qué tal el fin de semana, Teo?
- No hice nada especial. Fue muy aburrido.
- ¿No saliste?
- Salí el sábado, pero me quedé en casa el domingo.

4
- ¿Adónde fue de vacaciones el verano pasado?
- Fui a Hungría y a la República Checa tres semanas.
- ¿Fue en avión?
- No, fuimos en coche. Una bonita experiencia.

**Page 62 Quiz**
*1 ¿Qué tal el fin de semana?;
2 abroad; 3 Pirineo (all the others are Spanish Autonomous Regions); 4 vais;
5 pusimos; 6 housework; 7 ¿Cuánto tiempo estuviste?; 8 a.*

# Y además ... 3

**Pages 63-66**

1 *a 2; b 3; c 1.*

2 SE BUSCA persona dinámica entre 35 y 45 años, con experiencia y con capacidad de relacionarse con la gente, para trabajar en una agencia inmobiliaria en el centro de Málaga. Tiene que hablar inglés y alemán y saber informática. Carné de conducir necesario. Buen salario.

3 He's best qualified for the cruise ship job.

4 a Estudié turismo e idiomas. Me gradué en la Universidad de Zaragoza.

b Estudié inglés y alemán en la Escuela Oficial de idiomas, y aprendí japonés en Japón.

c Sí, he trabajado dos años como representante de un operador de viajes en Alemania, Suiza y Japón.

d No, nunca he trabajado en Suramérica.

e Me gusta esquiar, y me encanta hacer windsurf y vela.

6 Chile es un país muy largo y tiene diferentes regiones climáticas. En el norte del país hay regiones desérticas donde **hace** mucho calor y **llueve** muy poco. En el extremo sur del país, Chile **tiene** clima polar y las temperaturas **son** muy bajas.

**Para los visitantes de Punta Arenas:**
Si usted viaja a Punta Arenas, en el sur de Chile, venga con buena ropa de abrigo porque aquí siempre **hace** mucho frío, en invierno y en **verano.** Enero es el mes más húmedo y a veces **hay** niebla. La temperatura media en invierno **es** de 2°C.
No traiga mucho equipaje porque los barcos son pequeños.

8 *one month; 15 days; yes, he did.*

9 Roberto trabajó en su segundo crucero la semana pasada. Visitó islas pequeñas y vio muchos glaciares e icebergs. El tiempo fue frío, pero hizo mucho sol. Su trabajo no fue difícil. Ayudó a los pasajeros, acompañó a un grupo pequeño a una isla y preparó una fiesta para los pasajeros. Va a volver a España dentro de tres meses.

# Unit 7

**Pages 68 & 69 Shopping for clothes, shoes and bags**

2a
- Quería una falda blanca, de lino.
- ¿De qué talla?
- La cuarenta y dos.

*b* ● Hola, ¿puedo ayudarte?
◆ Estoy buscando unos vaqueros negros.
● ¿Qué talla usas?
◆ La treinta y ocho.
*c* ● ¿Qué desea?
◆ Quiero un top azul.
● ¿De algodón? ¿De lana? ¿De seda?
◆ De algodón.
*d* ● Quería un pantalón marrón, tipo vaquero.
◆ ¿Qué talla tienes?
● La cuarenta y ocho.
*e* ● Estoy buscando un jersey verde, de lana o cachemir. Talla mediana.
*f* ● ¿Puedo ayudarle?
◆ No, gracias. Sólo estoy mirando.
*a white linen skirt, size 42; b pair of black jeans, size 38; c blue cotton top, d brown trousers, jeans type, size 48; e green jumper in wool or cashmere, medium size; f nothing, he's just looking.*

**3** ● ¿Puedo ayudarles?
◆ Estamos buscando una camisa de seda.
● ¿De qué color la quieren?
◆ Pues roja, o negra …
● ¿Es para ustedes?
◆ No, es para una compañera.
● ¿Qué talla tiene?
◆ La cuarenta. Sí, o la cuarenta y dos.
● Tenemos este modelo en rojo que cuesta ochenta y dos euros, y éste en negro …
*a silk shirt; red or black; b €82*

**5** ● Quisiera probarme esos botines marrones.
◆ ¿Qué número tiene?
● El treinta y nueve.
◆ Lo siento, sólo tenemos el treinta y ocho. Pero los tenemos en negro. ¿Quiere probárselos?
● No, gracias. Prefiero los marrones.
*a 39; b 38; c black.*

**6** excelente, ligera, resistente, impermeable.
cremallera; bolsillo; ruedas.

**7** ● Compré esta bolsa la semana pasada, pero quiero cambiarla porque el cierre está roto.
◆ ¿Me deja la bolsa, por favor…? Vamos a ver …
● Sí, mire. Este cierre interno está roto.
*a last week; a zip's broken; b quiero cambiarlo.*

## Pages 70 & 71 Expressing your opinion and making comparisons

**2** **J** ¿Qué pensáis de **este** traje?
**Y** A mí **éste** me parece demasiado clásico …, bastante anticuado. **Ése** es más moderno.
**J** Sí, es verdad. ¿Qué tal me queda?
**A** No está mal, pero la chaqueta es un poco larga.
**Y** **Esos** dos pantalones te quedan muy bien.
**J** Creo que prefiero **éste**. Y necesito una camisa.
**A** **Esta** camisa blanca es preciosa.
**J** Pero me queda un poco pequeña. Necesito una talla más grande. Y una corbata. ¿Os gusta **esa** azul?
**Y** Sí, **ésa** está bien. Bueno, ahora los zapatos. **Estos** zapatos negros… Ah, ¿y qué tal **este** cinturón?

**5** **D** ¿Cuál le gusta más?
**Y** No sé. El vestido rojo es más moderno y llamativo.
**A** Yo prefiero el beis. Es más elegante que el rojo.
**Y** Sí, pero me queda un poco pequeño. El rojo me queda mejor.
**A** No, mujer. El beis te queda muy bien. Y es menos visto.
**Y** Bueno sí, pero también es mucho más caro que el rojo. ¡Es carísimo! ¡No sé…!

*Yoli thinks the red one's more modern and striking. It fits her better. Much cheaper than the beige. She's not sure what to do.*

6 a La blanca es más elegante que la azul.
b Ésa me queda un poco grande.
c Ésta me queda mejor. Es preciosa, ¡pero es carísima!

## Page 72 Put it all together

1 a más; b largo; c peor; d interior; e blanco; f caro; g grande; h anticuado.

2 a A month ago; b the handle is broken; c once; d to change it.

3 a Lo tenemos en azul.
b Las quiero comprar./Quiero comprarlas.
c La necesito para la boda.
d ¿De qué talla los tienen?
e ¿Quiere cambiarlo?/¿Lo quiere cambiar?
f La compré la semana pasada.
g Los tiene en el número 38.

4 a Quería unos vaqueros negros de la talla 40.
b Estoy buscando una chaqueta blanca de lino.
c Estamos buscando un jersey azul de lana, talla mediana.
d Necesito una bolsa de viaje impermeable, con ruedas.

## Page 73 Now you're talking!

1 ● Hola, ¿qué desea?
◆ **Estoy buscando un abrigo**.
● ¿Lo quiere de lana? ¿de cachemir? ¿de piel?
◆ **Lo quiero de lana, o de lana y cachemir.**
● ¿Qué talla tiene usted?
◆ **Tengo la talla cuarenta y cuatro, o mediana.**
● Muy bien. ¿Qué colores le gustan?

◆ **Lo quería marrón o negro.**
● Mire, tenemos este modelo en marrón. ¿Quiere probárselo?
◆ **¿Qué tal me queda? Me parece un poco largo.**
● Le queda muy bien. Es un abrigo muy bonito.

2 ● ¿Puedo ayudarle?
◆ **Compré esta mochila ayer.**
● ¿Tiene algún problema?
◆ **Sí, el bolsillo interior está roto.**
● Un momento. Vamos a ver …
◆ **Quisiera cambiarla.**
● Mire, tenemos este otro modelo en verde, y ésa en azul, muy ligera. ¿No le gustan?
◆ **Me gusta la azul, pero es más pequeña que la verde.**
● Sí, pero la azul es impermeable …
◆ **¿Te gusta la azul?**
● A mí me parece demasiado pequeña.

3 ● ¿Te gustan estas sandalias azules? ¿Qué tal me quedan?
◆ **No me gusta mucho el color.**
● ¿Ah no? Y éstas rojas, ¿qué tal me quedan?
◆ **Te quedan bien. Prefiero las rojas, pero son carísimas.**
● Bueno, un poco más caras que las azules. ¡Quiero las rojas!

## Page 74 Quiz

1 *Sólo estoy mirando;* 2 *de;* 3 *clothes shop, shoe shop;* 4 *Está comprando una chaqueta, Estamos estudiando español;* 5 *que;* 6 *Os;* 7 *botines marrones de piel;* 8 *giving an opinion.*

# Unit 8

## Pages 76 & 77 Saying how you're feeling and describing symptoms

2 *Pedro Antonio is not going to work today, he's in bed and not feeling well.*

3 ● Hola Pedro Antonio, ¿qué te pasa?
◆ No **me siento** bien. **Estoy** en cama.

- ¿Qué ha pasado?
- Ayer me cambié de casa y levanté mucho peso, y me **hice** daño.
- ¡Pues claro! ¿Y cómo **te sientes** ahora?
- ¡**Estoy** fatal! No **puedo** moverme.
- Lo siento. Bueno, cuídate y que te mejores pronto.
- Gracias.

**4** Patricio, Pedro Antonio no va a ir al trabajo hoy porque no se siente bien. Se hizo daño ayer y está en cama. Hasta pronto.

**5**
- ¿Te sientes mejor?
- No mucho. Me duele la espalda, me duelen las piernas, los brazos …
- ¿Por qué no llamas al médico?

*His back, legs and arms hurt.*

**6**
- Hola papá, ¿está mamá?
- Sí, pero no puede hablar. No se siente bien.
- ¿Qué le pasa?
- Le **duele mucho la garganta** y **tiene dolor de oídos**. También le **duelen las piernas** y **tiene mucha tos**, creo que **tiene una gripe fuerte** … ¿Tú estás bien?

### Page 78 Following instructions

**2**
- Me he hecho un esguince en el tobillo.
- Déjeme ver … ¿Qué ha pasado?
- Me caí en la calle. Me duele mucho.
- ¿Puede doblar el pie?
- Un poco, con dificultad.
- Bueno, es un golpe fuerte, pero afortunadamente no es un esguince muy grave. Tome estos calmantes, póngase esta pomada, descanse el pie durante un par de días y vuelva dentro de una semana.
- Vale, gracias.

*He thinks he's sprained his ankle. The doctor says it's a bad knock but not a very serious sprain.*

**3**
- Tome una pastilla cada seis horas, con agua, preferiblemente con las comidas. No tome alcohol mientras tome las pastillas, y no exceda la dosis recomendada.

*Take one pill every six hours, with water, preferably with food. Don't drink alcohol while you're taking the pills and don't exceed the recommended dose.*

### Page 79 Choosing alternative solutions

**1** acupuntura, dieta equilibrada, armonía, medicina holística, estrés, fisioterapia, remedio herbal, entrenador personal, resfriados, alimentación sana, ponerse en forma.

### Page 80 Put it all together

**1** *a* tobillo; *b* rodilla; *c* equinácea; *d* esguince; *e* entrenador.

**2** *a* 5; *b* 7; *c* 2; *d* 1; *e* 6; *f* 3; *g* 4.

**3** se siente; me siento; pasa; duele; tiene; duelen; debe.

**4** Lo siento, no puedo ir a tu casa esta tarde. No me siento bien, tengo fiebre, me duele la espalda. Mi hermana también tiene gripe. Y tú, ¿cómo te sientes?

### Page 81 Now you're talking!

**1**
- **Hola Chema, ¿qué te pasa?**
- Pues mira, que tengo un esguince de tobillo. Jugué al fútbol ayer y me hice daño en el tobillo.
- **¿Te duele?**
- Pues claro, ¡me duele mucho!
- **Debes tomar unos calmantes.**
- No tengo calmantes, están en casa …
- **Vamos a la farmacia.**
- No puedo moverme mucho. ¿Puedes ir tú?

**2**
- Hola, ¿cómo estás?
- **No me siento bien.**
- Lo siento. ¿Qué te pasa?

◆ **Me duele la cabeza y la garganta.**
● ¡Ah, vaya!
◆ **Y me duelen las piernas.**
● ¿Tienes fiebre?
◆ **Sí, y tengo tos y dolor de oídos.**
● Creo que tienes gripe. Debes ir al médico.
◆ **¿Tienes un calmante?**
● Sí, aquí tengo unas pastillas. Un momentito …

**3** ● **¿Cómo te sientes?**
◆ Pues no muy bien. Siempre estoy muy cansado.
● **¿Vas al gimnasio?**
◆ No, no me gusta el gimnasio. Es muy aburrido.
● **Debes ponerte en forma.**
◆ Sí, sí, pero no sé qué hacer …
● **Yo tengo un entrenador personal.**

**Page 82 Quiz**
*1 Urgencias; 2 a herbal remedy; 3 me duele el pie, me duelen los pies; 4 the shoulder; 5 Le duele el estómago./Tiene dolor de estómago.; 6 Que te mejores pronto; 7 puede tomar; 8 Me duelen los oídos.*

# Y además … 4
**Pages 83–86**

**2** *a verdadero; b falso, he bought it in the second shop; c falso, she saw a green dress but she didn't buy it; d falso, Pablo and Isabel bought shoes but Antonia didn't; e falso, Isabel bought a skirt and a jacket for herself, not Antonia; f falso, a red dress.*

**3** Pablo se probó **alguno** pero no se compró **ninguno**; Luego buscamos **algo** para Isabel; Pablo e Isabel compraron sus zapatos pero yo no me compré **nada**; Todo el día comprando y no compré **nada** para mí; he visto **algo** muy bonito.

**4** Necesito **algunas** cosas; ¿Te compraste **algo**?; Ví **algunos** vestidos;

Pero no me compré **nada** allí; Pero no me gustó **ninguno**.

**5** Ayer fui de compras. Vi una camisa azul muy elegante y la compré. Compré algunos regalos. Me probé también unos zapatos negros y los compré … ¡pero los dejé en la tienda! Tengo que ir a recogerlos mañana.

**7** me quedo; me ocupo; me siento; me irrito; se pelean; me aburro; se preocupa; irme.

**9** *a* No te preocupes.
*b* ¿Te estás alimentando bien?
*c* Debes cuidar tu aspecto físico.
*d* Tómate un suplemento vitamínico.
*e* Busca a otras mamás en tu situación.
*f* Te vas a sentir mejor.

**10** Estimado Doctor:
No me siento bien. Me duelen el estómago y la espalda y debo quedarme en casa los fines de semana para descansar. Me siento muy cansado/a y un poco deprimido/a, y también me irrito. ¿Qué hago?
Gracias por sus consejos.

# Unit 9
**Pages 88 & 89 Making suggestions, sending and replying to an invitation**

**2** *A* Podemos ir de copas …
*P* ¿O **de tapas** a un bar?
*P* ¿**Por qué no vamos** a una discoteca?
*A* ¿O a una bodega a hacer **una cata de vinos**?
*P* ¿**Qué tal si nos vamos** al restaurante Marín para una mariscada?
*P* !Qué buena idea!
*A* Sí ¡Perfecto!

**3** *a* 1 Ricardo; 2 Raúl; 3 Estela.
*b* Friday 9.30pm at the restaurant Marín in Plaza Mayor.

c Está invitado; te invito; ¿te gustaría venir ...?

d lo antes posible

5 • ¡Hola **Raquel**! Soy Patricia. ¿Te gustaría venir a cenar con nosotros el viernes? Celebramos el fin de curso.
  ◆ ¿Dónde es la cena?
  • En el restaurante Marín, a las nueve y media. Es una mariscada.
  ◆ **¡Qué buena idea!**
  • ¿Vienes?
  ◆ **Sí, claro. Con mucho gusto.**

  • ¿Qué tal **Ester**? Mira, soy Patricia. Este viernes tenemos una mariscada en el restaurante Marín, para celebrar el fin de curso. ¿Puedes venir?
  ◆ El viernes ... **Sí, me encantaría.** Gracias.

  • ¡Hola **Miguel**! Soy Patricia.
  ◆ ¿Qué tal Patricia?
  • ¿Os gustaría a ti y a Elena venir a una mariscada el viernes por la noche? Es en el restaurante Marín. Celebramos el fin de curso ...
  ◆ Me encantaría, pero **el viernes no podemos. Lo siento mucho. ¡Qué pena!**

6 • ¡Hola! Soy Fabián. Gracias por la invitación. Lo siento mucho, pero no puedo ir a la cena porque trabajo de noche en el hospital. ¡Qué pena! Bueno, ¡que lo paséis bien!
*Because he is working nights at the hospital.*

7 • ¡Hola Estela! ¿Qué tal? ¿Recibiste mi e-mail?
  ◆ Sí, lo recibí ayer.
  • ¿Vas a venir entonces a la cena?
  ◆ Tengo muchas ganas de ir, pero no sé si puedo. Es el viernes, ¿no?
*She feels like going, but she doesn't know if she can come.*

## Pages 90 & 91 Saying what people are like and what they look like

2 • ¿Viene Estela a la cena, o no?
  ◆ No lo **sé**.
  • ¿Cómo que no lo **sabes**?
  ◆ Bueno, Estela no **sabe si puede** venir.
  • ¡Pues vaya!

3 • ¿Conoces a Estela?
  ◆ No la conozco bien. ¿Viene a la cena?
  • No, no viene y Andrés está un poco triste. Es una chica un poco antipática.
  ◆ Pero según Andrés, es muy agradable y simpática.
  • ¿Agradable? Es una maleducada.
  ◆ Pobre Andrés. Es tan majo, educado y amable. Me gusta mucho.
  • Sí, pero a él le gusta Estela ...
  ◆ ¡Qué pena!
*Andrés: majo, educado, amable*
*Estela: antipática, maleducada, agradable, simpática.*

5 • Andrés, mira, un mensaje de Raquel.
  ◆ ¿Quién es Raquel?
  • ¿No la conoces? Está en el curso de inglés.
  ◆ Raquel, Raquel ... ¿Cómo es físicamente? ¡Ah! ¡Ya sé! Es una chica rubia, muy alta, ¿verdad?
  • No, no. Es morena, delgada, no muy alta, de un metro sesenta aproximadamente.
  ◆ No, no la conozco.
*Raquel has dark hair and is slim and 1.60m tall*

6 • No conozco a Raquel ...
  ◆ ¡Sí, hombre! Tiene ojos azules y el pelo largo y rizado. Lleva gafas.
  • Morena, ojos azules, gafas ... ¡Ah! ¡Ya! La chica que se ríe mucho, ¿no?
  ◆ ¡Ésa es! ¡Muy guapa!
*Her hair is long and curly; she has blue eyes and wears glasses.*

**7** ● ¿Ha contestado Raúl?
   ◆ ¿Quién es Raúl? ¿El tipo bajo y gordito con bigote?
   ● No. Raúl no tiene bigote. Y no es gordo, es normal.
   ◆ No lo conozco …
   ● Sí, es muy alto. Se viste siempre muy bien. Y es guapísimo …
   ◆ Guapísimo. Mmm.
   *Average weight, no moustache, very tall, always smartly dressed and very good-looking.*

### Page 92 Put it all together

**1** antipático *unpleasant*, simpático *pleasant*
contento *happy*, triste *sad*
educado *polite*, maleducado *rude*
amable *kind*, desagradable *unkind*
alto *tall*, bajo *short*
rubio *blonde*, moreno *dark*
delgado *slim*, gordo *fat*
pelo rizado *curly hair*, pelo liso *straight hair*
pelo largo *long hair*, pelo corto *short hair*

**2** a No conozco bien a Paloma.
   b La fiesta tendrá lugar aquí.
   c ¡Qué pena que no pueda venir!
   d ¿Te gustaría venir el sábado?
   e Me encantaría ir, pero no puedo.

**3** a ¿Qué tal si nos vamos a la playa?
   b ¿Por qué no vamos al cine esta noche?
   c Podemos ir de tapas.
   d ¿Qué tal si nos vamos a la discoteca el sábado?
   e Podemos hacer una cata de vinos.
   f ¿Por qué no invitamos a Carlos para tu cumpleaños?

### Page 93 Now you're talking!

**1** ● Hola Rafael, ¿qué tal? Soy Rebeca.
   ◆ **Hola. Muy bien, gracias. ¿Y tú?**
   ● Muy bien. Oye, quiero organizar una fiesta sorpresa para Alejandro.

Es para su cumpleaños, ¿sabes? Una cena en el Restaurante Cabezón.
   ◆ **¡Qué buena idea! ¿Cuándo es la cena?**
   ● Es el miércoles veintiuno. ¿Quieres venir?
   ◆ **Me encantaría ir, pero no sé si puedo. Tengo una conferencia el veintiuno.**
   ● ¡Qué pena! Pues entonces es mejor el fin de semana. ¿Puedes el sábado?
   ◆ **El sábado veinticuatro es perfecto. ¡Gracias!**
   ● De nada. ¡Ah! ¡Recuerda! Es un secreto …

**2** ● ¿Sabes si Marisol va a la conferencia?
   ◆ **No conozco a Marisol.**
   ● Sí, Marisol Ramírez. La conoces, trabaja en tu departamento, creo.
   ◆ **¿Cómo es? ¿Es alta?**
   ● Bueno, no muy alta, normal. Tiene el pelo largo y rizado.
   ◆ **¿Lleva gafas?**
   ● No, no. Y es muy guapa.
   ◆ **¿Tiene los ojos verdes?**
   ● Sí, tiene unos ojos preciosos. Es la colega de Diego.
   ◆ **Es un poco antipática.**
   ● En absoluto. Es muy simpática, muy maja …

### Page 94 Quiz

*1 Enhorabuena; 2 cata de vinos; 3 Os; 4 majísimo, buenísimo, educadísimo; 5 accepting the invitation; 6 que; 7 no lo sé; 8 tengo ganas.*

# Unit 10

### Page 96 Following a recipe

**3** ¡Hola amigos! Hoy vamos a cocinar una deliciosa paella marinera. Primero calentamos el aceite en una paella y salteamos las gambas y las almejas durante unos dos minutos. Después las escurrimos y las ponemos aparte. ¡Muy bien!

Ahora ponemos en la paella el pimiento rojo cortado en trozos pequeños, los guisantes y los calamares. Lo rehogamos todo, ¡así! Añadimos sal, perejil y azafrán y lo revolvemos bien.

Añadimos el arroz y lo mezclamos con el resto de los ingredientes. ¡Qué bueno!

Echamos el caldo de pescado y lo cocemos durante unos 10 minutos. Luego colocamos las almejas y las gambas, las cocemos otros 5 ó 7 minutos y ¡ya está!, ¡fácil!

1 **Calentar** el aceite en una paella y **saltear** las almejas y las gambas durante unos dos minutos.

2 **Escurrir** las gambas y almejas y **ponerlas** aparte.

3 **Poner** en la paella el pimiento cortado en trozos pequeños, los guisantes y los calamares.

4 **Rehogar** todo.

5 **Añadir** sal, perejil y azafrán y **revolver** bien.

6 **Añadir** el arroz y **mezclarlo** con el resto de los ingredientes.

7 **Echar** el caldo de pesado y **cocerlo** durante 10 min.

8 **Colocar** las almejas y las gambas y **cocerlas** otros 5–7 min.

### Page 97 Choosing wine to go with a dish

2 *Entrante:* Tartaleta de paté de oca.
*Pescado:* Langosta a la plancha.
*Carne:* Solomillo de ternera con espárragos.
*Verdura y ensalada:* Ensalada de endivias con queso.
*Postre:* Tarta de queso, chocolate y naranja.

3 ● Rubén, ¿has elegido los vinos?
◆ Sí, a cada plato le va un vino diferente. Para el entrante, vamos a empezar con un cava, para celebrar. Tomaremos un Reserva de Oro Brut, bastante seco, espumoso y delicado, de excelente calidad.
● ¿Y para el plato de pescado?
◆ Pues al marisco le va el vino blanco. He elegido un blanco Albariño, un vino aromático y semiseco, servido muy fresco.
● Mmm, ¿y un Rioja para la carne?
◆ Pues, no. Con la carne tomaremos un tinto Ribera del Duero. Será un tinto maduro, con cuerpo, gran reserva, servido a temperatura ambiente.
● ¡Fantástico! Me encantan los tintos Ribera del Duero… Eso es todo, ¿no?
◆ Bueno, hay uno más. Beberemos un Moscatel con el postre. Un vino dulce muy suave.
● ¡Qué bien!
*Ribera del Duero: Carne*
*Albariño: Pescado*
*Cava: Entrante*
*Moscatel: Postre*

4 *Cava:* seco, espumoso, delicado.
*Albariño:* blanco, aromático, semiseco.
*Ribera del Duero:* tinto, maduro, con cuerpo, gran reserva.
*Moscatel:* dulce, suave.

### Page 98 Commenting on a meal

2 ● ¿Quieres probar este vino blanco?
◆ Sí. A ver … seco, delicado y un poco aromático.
● ¿Te ha gustado el solomillo?
◆ El solomillo estaba buenísimo, ¡hecho a la perfección!
● ¿Qué tal la langosta?
◆ ¡Uy! Estaba exquisita. Me encanta la langosta.
● ¿Has probado el Ribera?
◆ Sí, pero es un poco fuerte para mí.

Prefiero los tintos jóvenes.
- ¿Qué tal estaba la tarta?
- Estaba deliciosa. Me gusta mucho el chocolate.

*a 5; b 4; c 3; d 2; e 1.*

**3** • ¿Qué tal estaba la tarta?
- Estaba deliciosa. Me gusta mucho el chocolate. Me recuerda a la tarta que hacía mi abuela todos los años por Navidad. Pero ella no le ponía naranja ...

*la abuela; todos los años por Navidad; naranja.*

### Page 99 Expressing appreciation

**2** • Bueno, quisiera daros las gracias a todos vosotros por estar aquí. Es un día muy especial porque Lucía y yo celebramos las bodas de plata. Lo hemos pasado muy bien. La comida ha sido excelente y queremos felicitar al chef. Personalmente, el solomillo me ha encantado, una obra de arte. Y los vinos han sido muy buenos. ¡Quiero proponer un brindis para mi esposa Lucía! ¡Y para los amigos!
- ¡Por Lucía! ¡Por los amigos!
- ¡Salud!
- ¡Por Rubén y Lucía!
- ¡Salud!

*a excelente; b solomillo (sirloin); c un brindis; d por.*

**3** *a Saturday; b how to combine wines with food; c in 25 years.*

### Page 100 Put it all together

**1**

| Pescados | Carnes | Verduras |
|---|---|---|
| almejas | solomillo | pimiento |
| gambas | ternera | guisantes |
| langosta | | endivias |
| calamares | | espárragos |

**2** *b, c, d, f, a, h, e, g.*

**3** *a future; b imperfect; c future; d imperfect; e future; f future.*

### Page 101 Now you're talking!

**1** • ¿Qué tal el chorizo?
- **Es excelente. Me encanta el chorizo.**
- ¿Quieres probar este vino tinto? Es buenísimo.
- **Sí, es muy bueno. Maduro, pero delicado. ¿Has probado el vino blanco?**
- No, no lo he probado. Más tarde ... Oye, ¿qué tal estaba la chuleta?
- **Estaba deliciosa, ¡hecha a la perfección!**
- Sí, sí, muy buena. Ahora probaré las gambas ...
- **Debes beber un vino blanco fresco con las gambas.**

**2** • ¡Qué tarta tan bonita!
- Gracias. ¿Quieres probar un poco?
- **Quisiera probar un trozo pequeño.**
- ¿Qué tal? ¿Le gusta?
- **Me gusta mucho. ¿La ha hecho usted?**
- Sí claro, la he hecho yo, con una receta familiar.
- **Gracias Armando, lo he pasado muy bien. ¡Muchas gracias por la comida, estaba excelente! ¡Adiós!**
- ¡Adiós! ¡Gracias por venir!

### Page 102 Quiz

*1 arroz; 2 caldo; 3 seafood, shellfish; 4 cortar, poner, echar; 5 gran reserva; 6 they are both in the imperfect tense; 7 iremos, invitaremos; 8 quiero proponer un brindis.*

# Y además ... 5

**1** *Somewhere on the Mediterranean but not the Costa del Sol.*
Estoy pensando en aprender español.
Estamos pensando en visitar Barcelona.
Estoy pensando en cambiarme de casa.

**2** Estoy de acuerdo con Paquita. Es mejor vivir en un pueblo. Las casas son más baratas y es más tranquilo. Y el ritmo de vida es más adecuado para una familia con niños.

**3** ● Buenos días, bienvenidos a *España para Todos.* ¿En qué puedo ayudarlos?
  ◆ **Estamos pensando en ir a vivir a España. Nos gusta el ritmo de vida allí. Y también el clima.**
  ● ¡Ah, fantástico! ¿Ya sabe dónde quieren vivir en España?
  ◆ **Nos gusta la costa mediterránea, pero no estamos interesados en la Costa del Sol. Hay demasiados turistas.**
  ● Muy bien. Puede ser Cataluña, o la Comunidad Valenciana ... ¿Tienen hijos?
  ◆ **Tenemos dos hijos pequeños. Queremos vivir en un lugar con buenas escuelas cerca.**
  ● Por supuesto. ¿Y cuáles son sus planes de trabajo?
  ◆ **Soy diseñador de páginas web y puedo trabajar desde casa para una empresa española o inglesa. Mi esposa es enfermera.**
  ● Ah, bien. Con esas profesiones no van a tener problemas para trabajar. Y ... ¿cuándo quieren ir a vivir a España?
  ◆ **Nos gustaría ir a España el próximo verano, pero primero necesitamos encontrar una casa adecuada.**
  ● ¿Qué tipo de vivienda quieren?
  ◆ **Quisiéramos una casa de pueblo para restaurar.**
  ● Muy bien. Miren, aquí tengo una foto de la casa perfecta para ustedes.
  ◆ **¡Qué casa tan bonita!**

**4** *Nombre esposo:* Mike Thomas
  *Profesión:* Diseñador de páginas web
  *Nombre esposa:* Lyn Thomas
  *Profesión:* Enfermera
  *Razones para vivir en España:* Ritmo de vida, Clima
  *Tipo de vivienda:* Casa de pueblo para restaurar
  *Fecha de traslado a España:* Próximo verano

**5** *a verdadero; b verdadero; c falso; d verdadero; e falso; f verdadero; g falso; h verdadero.*

**6** Me gustaría vivir en Valencia, pero Mike no está de acuerdo. Prefiere los pueblos pequeños.
  El miércoles fuimos a las montañas y nos encantaron las vistas.
  Estoy pensando en que probablemente es mejor para la familia vivir en un pueblo muy bonito a 60km de Valencia.
  ¿Qué piensas tú?
  Hasta pronto
  Lyn

# pronunciation and spelling

**1 Spanish vowels** are clear, pure and consistent sounds.

| | | |
|---|---|---|
| a | a *(as in back)* | **ta**rta, fl**a**n |
| e | e *(as in extra)* | fil**e**te, carn**e** |
| i | ee | co**ci**na, v**i**no |
| o | o *(as in pot)* | s**o**pa, bocadill**o** |
| u | oo | ch**u**leta, az**ú**car |

**2 Consonants** are mostly similar in Spanish and English, but there are some differences:

| | English sound | Example |
|---|---|---|
| **b/v** *(identical)* | b *(as in bet)* | ce**b**olla, **v**ino |
| **c, ca, co, cu** | k | **ca**lamares, **co**ca-**co**la |
| **ce, ci** | | |
| *in Spain* | th *(as in think)* | a**ce**ite, co**ci**do |
| *in Latin America* | s *(as in sail)* | |
| **g, ga, go, gu** | g | **ga**mbas, a**gu**a |
| **ge, gi** | ch *(as in loch)* | **ge**latina, **gi**nebra |
| **gue, gui** | g<u>ay</u>, g<u>ee</u>se | **gui**sado |
| **h** | always silent | **h**elado, **h**ielo |
| **j** | ch *(as in loch)* | **j**amón, a**j**o |
| **ll** | lli *(as in million)* | pae**ll**a, po**ll**o |
| **ñ** | ni *(as in minion)* | pi**ñ**a, lasa**ñ**a |
| **que, qui** | k *(as in keep)* | mante**qui**lla, **que**so |
| **r** *(first letter and when doubled)* | rolled | **r**efresco, a**rr**oz |
| **z, za, zo, zu** | | |
| *in Spain* | th *(as in think)* | cer**ve**za, **zu**mo |
| *in Latin America* | s *(as in sail)* | |

**3** The letters **k** and **w** are found only in foreign words: **k**ilo, **w**hisky.

**4** Where to put the **stress** in a word is quite straightforward:
- In words ending in a vowel or **-n** or **-s**: stress is normally on the penultimate syllable: tor**ti**lla, cala**ma**res
- In words ending with a consonant other than **-n** or **-s**: stress is normally on the last syllable: cala**mar**, yo**gur**, a**rroz**.
- If the stress falls elsewhere in a word, it's marked with a written accent: a**zú**car, me**nú**, ja**món**, **plá**tano.

# numbers and dates

| | | |
|---|---|---|
| 0 cero | 15 quince | 30 treinta |
| 1 uno | 16 dieciséis | 40 cuarenta |
| 2 dos | 17 diecisiete | 50 cincuenta |
| 3 tres | 18 dieciocho | 60 sesenta |
| 4 cuatro | 19 diecinueve | 70 setenta |
| 5 cinco | 20 veinte | 80 ochenta |
| 6 seis | 21 veintiuno | 90 noventa |
| 7 siete | 22 veintidós | 100 cien |
| 8 ocho | 23 veintitrés | 200 doscientos |
| 9 nueve | 24 venticuatro | 1.000 mil |
| 10 diez | 25 veinticinco | 2.000 dos mil |
| 11 once | 26 veintiséis | 1.000.000 un millón |
| 12 doce | 27 veintisiete | |
| 13 trece | 28 veintiocho | |
| 14 catorce | 29 veintinueve | |

- Numbers 31 to 99 are written separately, joined by **y**, e.g.: **31 treinta y uno**.

| | | |
|---|---|---|
| 1st primero | 5th quinto | 9th noveno |
| 2nd segundo | 6th sexto | 10th décimo |
| 3rd tercero | 7th séptimo | |
| 4th cuarto | 8th octavo | |

- Ordinals higher than 10 are rarely used, the cardinal being used instead. *The 21st century* is **el siglo veintiuno**.
- *1st*, *2nd*, *3rd*, *4th*, etc. are written **1°** (or **1er**), **2°**, **3°** (or **3er**), **4°**, etc. If they are feminine they become **1ª**, **2ª**, **3ª**, **4ª**, etc.
- **Primero** and **tercero** become **primer** and **tercer** when directly in front of a masculine singular noun – **en primer lugar** *in the first place*.

---

| | |
|---|---|
| **lunes** (m) Monday | **viernes** (m) Friday |
| **martes** (m) Tuesday | **sábado** (m) Saturday |
| **miércoles** (m) Wednesday | **domingo** (m) Sunday |
| **jueves** (m) Thursday | |

---

| | | |
|---|---|---|
| **enero** January | **mayo** May | **septiembre** September |
| **febrero** February | **junio** June | **octubre** October |
| **marzo** March | **julio** July | **noviembre** November |
| **abril** April | **agosto** August | **diciembre** December |

Dates are written **8 de agosto** and said **ocho de agosto**.

# grammar

This section uses the key grammatical terms defined on page 6.

**G1** **Nouns** are all either masculine (m) or feminine (f).

**Singular** nouns ending in
-**o** : nearly always m
-**a** : generally f
-**e** : some m, some f
a consonant: some m some f

**Plural** nouns ending in
a vowel: add -**s**

a consonant: add -**es**

But
- -**ista** nouns can be m or f: **el/la periodista**;
- most -**ma** nouns are m: **el problema**, **el clima**.

**G2** **Articles** have masculine and feminine forms.

|   | *a/an* | plural (*some*) | *the* singular | *the* plural |
|---|---|---|---|---|
| m | **un curso** | **unos cursos** | **el curso** | **los cursos** |
| f | **una lista** | **unas listas** | **la lista** | **las listas** |

**G3** Some **prepositions** have more than one meaning in English and some are used where no preposition is needed in English.

| a | *to*<br>*at (time)*<br>*(personal a[35])* | **Voy a Madrid, Vuelvo a casa.**<br>**a las 3.30**<br>**Visito a mi madre, Conozco a Luisa.** |
|---|---|---|
| de | *from*<br>*of*<br>*(possession)* | **Margarita es de Perú.**<br>**un botella de vino**; (*made of*) **una camisa de seda**<br>**la casa de María** |
| desde | *from*<br>*since/for* | **Luisa viene desde Alicante.**<br>**Trabajo aquí desde abril/desde hace 2 años.** |
| en | *in/at (place)*<br>*on*<br>*by (transport)* | **Vivo en Inglaterra. Cenamos en casa.**<br>**La cartera está en la mesa.**<br>**Voy en coche/en avión.** |
| para | *in order to*<br>*for*<br>*to (destination)* | **para estudiar español**<br>**un tinto para mí, una habitación para 2 noches**<br>**Este autobús va para Vigo.** |
| por | *for/because of*<br>*by/by means of*<br>*per*<br>*during*<br>*through*<br>*around* | **Vivo en España por el clima.**<br>**llamar por teléfono**<br>**dos vuelos por día; 70 euros por noche**<br>**por la tarde/ la mañana**<br>**El tren pasa por Cuenca.**<br>**¿Hay una farmacia por aquí?** |

The prepositions **a** and **de** combine with the definite article **el.**

**a + el : al**     **Vamos al cine.**
**de + el: del**    **Venimos del cine.**

**G5** **Adjectives** agree with what they describe.

Adjectives ending in -**o** have four forms:

| m | piso espacioso | pisos espaciosos |
|---|---|---|
| f | casa espaciosa | casas espaciosas |

Adjectives ending in -**e** have only two forms:

| m | piso grande | pisos grandes |
|---|---|---|
| f | casa grande | casas grandes |

Adjectives ending in a consonant have four forms:

| m | piso acogedor | pisos acogedores |
|---|---|---|
| f | casa acogedora | casas acogedoras |

**G6** In the plural, adjectives describing a combination of m and f nouns use the m form:
**El vino y la tarta son españoles.** *The wine and the cake are Spanish.*
**Mi hermano y mi hermana son rubios.** *My brother and sister are fair.*

**G7** **Position:** when adjectives and nouns are next to each other:
- adjectives generally go after the noun:
  **una vista preciosa**, **el vino blanco**
- but common adjectives like **bonito**, **bueno**[8]/**malo**[8], **grande**[8]/**pequeño** often go before the noun:
  **un bonito paisaje**, **una pequeña ciudad**
- **primero**, **segundo**, **tercero etc.** also go before the noun:
  **la segunda calle**
- adjectives sometimes change their usual position for emphasis:
  **una magnífica vista**, **un pueblo bonito**

**G8** When **bueno, malo** and **grande** go before a noun:
- **Bueno** and **malo** shorten to **buen** and **mal** in the m: **un buen vino**, **el mal tiempo.** But they don't change in the feminine: **una buena comida**, **una mala idea.**
- **Grande** changes to **gran** before a noun: **un gran placer**, **la Gran Bretaña.**
- **Primero** shortens to **primer** before a m noun: **el primer piso.**

**G9** **Possessives:** endings agree with what's owned rather than with the owner: **Mi coche** *my car*, **mis coches** *my cars*.

|  | *m/f sing* | *m/f plural* |
|---|---|---|
| *my* | **mi** | **mis** |
| *your* **tú** | **tu** | **tus** |
| *your* **Vd/Vds**, *his/her* | **su** | **sus** |

|  | *m sing* | *f sing* | *m plural* | *f plural* |
|---|---|---|---|---|
| our | **nuestro** | **nuestra** | **nuestros** | **nuestras** |
| *your* **vosotros** | **vuestro** | **vuestra** | **vuestros** | **vuestras** |

**G10** **Este/esta** *this*, **estos/estas** *these* and **ese/esa** *that*, **esos/esas** *those*
- always go before the noun and agree with it:
  **esta chaqueta, este vestido, esos zapatos, esas corbatas**
- without the noun they mean *this one/that one* or *these/those*, and are written with an accent:
  **Me gusta ésta; No me gustan ésos.**

**Aquel/aquella/aquellos/aquellas** can be used to point out something that's far away:
**Me gustan aquellas botas.** *I like those boots over there.*

**G11** **Adverbs** can be formed by:
- adding **-mente** to a f sing adjective:
  **seguro ▸ seguramente, feliz ▸ felizmente**;
- using **de manera** + f adjective:
  **de forma/manera tranquila**

Other common adverbs include **muy** *very*, **un poco** *a bit*, **demasiado** *too*, **tan** *so*, **bastante** *rather*, **así** *this way*.

The ending of an adverb never changes:
**una camisa un poco cara**
**Estos zapatos me quedan demasiado grandes.** *These shoes are too big for me.*

**G12** **Comparison:** adjectives and adverbs are compared with **más** *more* and **menos** *less*:
**más elegante** *more stylish*, **más corto** *shorter*
**menos moderno** *less fashionable*, **menos rápido** *less quickly*;

*Than* is **que**:
**El abrigo negro es más caro que el gris.** *The black coat is more expensive than the grey one.*

The + **más/menos** means *the most/least*:
**la más elegante** *the most stylish*, **el menos caro** *the least expensive*.

**G13** There are **three groups of verbs**, ending **-ar**, **-er**, **-ir** in the infinitive. The -**ar**, -**er**, -**ir** ending changes in a predictable, regular way according to:
- subject: <u>who/what</u> is carrying out the verb,
- tense: <u>when</u> it takes place.

**G14** **Subject pronouns:** since the ending of the verb is enough to indicate who/what is doing something, the subject pronouns **yo** *I*, **tú/usted** *you*, **él/ella** *he/she*, **nosotros**, **nosotras** *we*, **vosotros**, **vosotras** *you*, **ustedes** *you* and **ellos**, **ellas** *they* are used only for emphasis, contrast or clarification.

There are four forms for *you*, each using a different verb ending:
- **tú**: someone you call by their first name (in Spain nowadays used very widely, but less so in Latin America);
- **usted**: (also written **Vd**) someone you don't know well, someone older;
- **vosotros, vosotras**: more than one person, people you know well (but hardly used in Latin America);
- **ustedes** (also written **Vds**): more than one person, people you don't know well.

**G15** **Present tense**
- The equivalent of *do, am/is/are doing*.
- With **desde** or **desde hace** it translates as *have been doing*: **Trabajo aquí desde abril/desde hace un año.** *I've been working here since April/for a year.*

|  | trabaj**ar** | com**er** | viv**ir** |
|---|---|---|---|
| yo | trabaj**o** | com**o** | viv**o** |
| tú | trabaj**as** | com**es** | viv**es** |
| Vd, él/ella | trabaj**a** | com**e** | viv**e** |
| nosotros/as | trabaj**amos** | com**emos** | viv**imos** |
| vosotros/as | trabaj**áis** | com**éis** | viv**ís** |
| Vds, ellos/ellas | trabaj**an** | com**en** | viv**en** |

**G16** **Irregular verbs:** not all verbs follow the regular patterns. Many common verbs have a vowel change in the first part of the word for all persons except the **nosotros** and **vosotros** forms.
- **e** changes to **i**: **repetir** *to repeat*
  **repito, repites, repite, repetimos, repetís, repiten.**
  Other verbs following this pattern are: **pedir** *to ask for*, **seguir** *to follow*, **elegir** *to choose*.
- **e** changes to **ie**: **querer**, *to want, to love*
  **quiero, quieres, quiere, queremos, queréis, quieren.**
  Other similar verbs are: **pensar** *to think*, **perder** *to lose*, **cerrar** *to close*, **empezar** *to start*

- **o** changes to **ue**: **poder t**o *be able to*
  p<u>ue</u>do, puedes, puede, podemos, podéis, pueden.
  Other similar verbs include: **llover** *to rain*, **acostarse** *to go to bed*, **jugar** *to play*.

Here's a list of some other common irregular verbs:

| dar | to give | doy, das, da, damos, dais, dan |
|---|---|---|
| decir | to say | digo, dices, dice, decimos, decís, dicen |
| estar | to be | estoy, estás, está, estamos, estáis, están |
| hacer | to do, make[19] | hago, haces, hace, hacemos, hacéis, hacen |
| ir | to go | voy, vas, va, vamos, vais, van |
| saber | to know | sé, sabes, sabe, sabemos, sabéis, saben |
| ser | to be | soy, eres, es, somos, sois, son |
| tener | to have[19] | tengo, tienes, tiene, tenemos, tenéis, tienen |
| venir | to come | vengo, vienes, viene, venimos, venís, vienen |

**G17** **Ser** and **estar** both mean *to be* and have specific functions.

**Ser** is used for
- Name, nationality, where you're from:
  **Soy Tomás, soy catalán, soy de Barcelona.**
- Occupation:
  **Carlos es médico. Mará es enfermera.**
- Describing people and things, essential characteristics:
  **Es un chico muy guapo. La casa es antigua.**

**Estar** is used for
- marital status:
  **¿Está casado? No, estoy divorciado.**
- talking about physical state and mood:
  **¿Qué tal tus padres? Están muy bien.**
  **Mi madre está cansada y deprimida.**
- describing the current state of something:
  **El bolso está roto. La habitación está limpia.**
- saying where people, things and places are:
  **El piso está en el centro/está lejos del mar.**
  **Estamos de vacaciones en Málaga.**

**G18** **Present continuous:** in order to emphasise that something is taking place at this very moment, the present tense of **estar** can be used with the gerund, formed by replacing **-ar** with **-ando** and **-er/-ir** with **-iendo**: **estoy mirando** *I'm browsing*; **estamos comiendo** *we're (in the process of) eating*.

**G19** Many useful idioms use the verbs **tener** and **hacer**:

**tener necesidad de** *to need*
**tener miedo de** *to be afraid of*
**tener ganas de** *to feel like*
**tener razón** *to be right*
**tener éxito** *to be successful*
**tener calor/frío** *to be hot/cold*
**tener hambre/sed** *to be hungry/thirsty*

**tener prisa** *to be in a hurry*
**tener sueño** *to feel sleepy*
**tener lugar** *to take place*
**hacer una pregunta** *to ask a question*
**hacer un descanso** *to take a break*
**hacer la compra** *to go food shopping*
**hacer calor/frío** *to be hot/cold (weather)*

**G20** **Immediate future**
- The equivalent of *I'm going to*.
- Formed with the present tense of the verb **ir** *to go* (**voy, vas, va, vamos, vais, van**) + the infinitive. In spoken Spanish it's the most commonly used way of talking about plans and intentions.

  **Voy a llamar a Manuela.** *I am going to call Manuela.*
  **¿Vais a salir esta noche?** *Are you going to go out tonight?*

**G21** **Future tense**
- The equivalent of *will/shall*.
- The endings are added to the infinitive. They're the same for all three verb groups.
- The future is mainly used in more formal or written Spanish.

|  | trabaj**ar** | com**er** | viv**ir** |
|---|---|---|---|
| yo | trabajar**é** | comer**é** | vivir**é** |
| tú | trabajar**ás** | comer**ás** | vivir**ás** |
| Vd, él/ella | trabajar**á** | comer**á** | vivir**á** |
| nosotros/as | trabajar**emos** | comer**emos** | vivir**emos** |
| vosotros/as | trabajar**éis** | comer**éis** | vivir**éis** |
| Vds, ellos/ellas | trabajar**án** | comer**án** | vivir**án** |

Most verbs are regular in the future tense. The few irregular verbs follow the same endings but change the root slightly: **hacer ▸ haré**, **decir ▸ diré**, **poder ▸podré**, **querer ▸ querré**, **saber ▸ sabré**, **salir ▸ saldré**, **tener ▸ tendré**, **venir ▸ vendré**.

**G22** **Perfect tense**
- The equivalent of *have done, have eaten*, etc.
- The perfect tense is formed with the present tense of **haber** + the past participle[23] of the main verb. **Haber** is irregular: **he, has, ha, hemos, habéis, han**.

**G23** Past participles (pp) are formed by changing:

-**ar** to -**ado**:      trabaj**ar** ▸ trabaj**ado**
-**er/ir** to -**ido**:     com**er** ▸ com**ido**; sal**ir** ▸ sal**ido**

The past participles of several common verbs are irregular, e.g.:

**abrir** *to open* (pp **abierto**)      **poner** *to put* (pp **puesto**)
**cubrir** *to cover* (pp **cubierto**)    **romper** *to break* (pp **roto**)
**decir** *to say* (pp **dicho**)        **ver** *to see* (pp **visto**)
**escribir** *to write* (pp **escrito**)    **volver** *to return* (pp **vuelto**)
**hacer** *to do* (pp **hecho**)

**G24** Simple past tense
- The equivalent of *did, ate,* etc.
- Verbs ending in -**er** and -**ir** have the same endings.
- Many common verbs are irregular.

Here are the patterns of regular verbs:

|  | trabaj**ar** | com**er** | viv**ir** |
|---|---|---|---|
| yo | trabaj**é** | com**í** | viv**í** |
| tú | trabaj**aste** | com**iste** | viv**iste** |
| Vd, él/ella | trabaj**ó** | com**ió** | viv**ió** |
| nosotros/as | trabaj**amos** | com**imos** | viv**imos** |
| vosotros/as | trabaj**asteis** | com**isteis** | viv**isteis** |
| Vds, ellos/ellas | trabaj**aron** | com**ieron** | viv**ieron** |

The most commonly used irregular verbs are:

|  | estar | tener | poder | andar |
|---|---|---|---|---|
| yo | estuve | tuve | pude | anduve |
| tú | estuviste | tuviste | pudiste | anduviste |
| Vd, él/ella | estuvo | tuvo | pudo | anduvo |
| nosotros/as | estuvimos | tuvimos | pudimos | anduvimos |
| vosotros/as | estuvisteis | tuvisteis | pudisteis | anduvisteis |
| Vds, ellos/ellas | estuvieron | tuvieron | pudieron | anduvieron |

|  | hacer | querer | venir | decir |
|---|---|---|---|---|
| yo | hice | quise | vine | dijo |
| tú | hiciste | quisiste | viniste | dijiste |
| Vd, él/ella | hizo | quiso | vino | dijo |
| nosotros/as | hicimos | quisimos | vinimos | dijimos |
| vosotros/as | hicisteis | quisisteis | vinisteis | dijisteis |
| Vds, ellos/ellas | hicieron | quisieron | vinieron | dijeron |

**Ser** *to be* and **ir** *to go* have the same forms in the simple past: **fui, fuiste, fue, fuimos, fuisteis, fueron**

**Poner** *to put*: **puse, pusiste, puso, pusimos, pusisteis, pusieron**

### G25 Imperfect tense
- The equivalent of *was/were doing, used to do.*
- **-ar** verbs have **-aba** endings.
- **-er** and **-ir** verbs have **-ía** endings.
- With only three exceptions, all verbs are regular.

|  | trabaj**ar** | com**er** | viv**ir** |
|---|---|---|---|
| yo | trabaj**aba** | com**ía** | viv**ía** |
| tú | trabaj**abas** | com**ías** | viv**ías** |
| Vd, él/ella | trabaj**aba** | com**ía** | viv**ía** |
| nosotros/as | trabaj**ábamos** | com**íamos** | viv**íamos** |
| vosotros/as | trabaj**abais** | com**íais** | viv**íais** |
| Vds, ellos/ellas | trabaj**aban** | com**ían** | viv**ían** |

**Ser**: era, eras, era, éramos, erais, eran
**Ir**: iba, ibas, iba, íbamos, íbais, iban
**Ver**: veía, veías, veía, veíamos, veíais, veían

### G26 Pluperfect tense
- The equivalent of *had done.*
- Formed by putting a past participle after the imperfect of **haber** (regular):
  **Había comido** *I had eaten*; **había llegado** *I had arrived*

### G27 Reflexive verbs: the infinitives of reflexive verbs end in -se: **llamarse** *to be called*, **dormirse** *to fall sleep*, **casarse** *to get married*.
- Many of these verbs relate to daily routine activities: **levantarse** *to get up*, **ducharse** *to have a shower*, **acostarse** *to go to bed*.
- Non-reflexive verbs can become reflexive to show emphasis: **Tomo un café a las ocho** or **Me tomo un café a las ocho** both mean *I drink a coffee at eight o'clock* but the second is more emphatic.
- Some verbs change their meaning when they're used as reflexive. **¿Quedamos el sábado?** *Shall we meet on Saturday?* **Me quedé el sábado en casa.** *I stayed at home on Saturday.*
  These verbs have exactly the same endings as regular **-ar**, **-er**, **-ir** verbs but include **me**, **te**, **se**, **nos**, **os** or **se** before the verb according to who/what is involved.

| | levantarse |
|---|---|
| yo | **me** levanto |
| tú | **te** levantas |
| Vd, él/ella | **se** levanta |
| nosotros/as | **nos** levantamos |
| vosotros/as | **os** levantáis |
| Vds, ellos/ellas | **se** levantan |

**G28** **Negatives:** to make a negative statement **no** goes before the verb. With reflexive verbs, it goes before **me**, **te**, **se**, etc.
**No me levanto pronto porque no trabajo esta semana.**

**No** is also used in combination with other negative words such as **nada** *nothing*, **nadie** *nobody*, **nunca** *never*, **ni ... ni** *neither... nor*:
**No ceno nunca tarde.** *I never have dinner late.*
**No como ni carne ni pescado.** *I don't eat either meat or fish.*
**No me compré nada.** *I didn't buy anything for me.*

**G29** **Imperatives** can be used to give directions or instructions.
**Tú** and **vosotros** imperatives have different forms for 'do's' and 'don'ts':

| | tú (do) | tú (don't) | vosotros (do) | vosotros (don't) |
|---|---|---|---|---|
| **tomar** | toma | no tom**es** | toma**d** | no tom**éis** |
| **beber** | bebe | no beb**as** | bebe**d** | no beb**áis** |
| **escribir** | escribe | no escrib**as** | escribi**d** | no escrib**áis** |

Some common irregular **tú** forms include: **ir: vé** (or **vete**), **no vayas**; **seguir: sigue, no sigas; venir: ven, no vengas.**

Here are the **usted** and **ustedes** imperatives:

| | usted | ustedes |
|---|---|---|
| **tomar** | tom**e** | tom**en** |
| **beber** | beb**a** | beb**an** |
| **escribir** | escrib**a** | escrib**an** |

Some irregular **usted/ustedes** forms include: **ir: vaya, vayan; seguir: siga, sigan; venir: venga, vengan.**

Other common ways of giving instructions include:
- Using the infinitive - in official instructions and also in recipes: **abrir con precaución** *open with care*; **revolver bien** *stir well*, **añadir el pimiento** *add the pepper*
- Using **deber** *must* + infinitive or **tener que** *to have to* + infinitivo: **Debe descansar; Tiene que girar a la derecha.**

**G30** **Questions** can be formed with a question word:
**¿Qué?** *What?* **¿Quién?** *Who/Whom?* **¿Cómo?** *How?* **¿Dónde?** *Where?*
**¿Por qué?** *Why?* **¿Cuándo?** *When?* **¿Cuál/cuáles?** *Which one(s)?* **¿Cuánto/
cuánta?** *How much?*, **¿Cuántos/cuántas?** *How many?*

They can also be formed simply by raising the voice at the end of a
sentence so that it sounds like a question.

They often have **¿no?** or **¿verdad?** added to them, the equivalent of
English phrases such as *isn't it? aren't we? don't they? didn't he?*

**G31** **Quién and que:** Although **quién** is *who* in a question, **que** translates *who,
whom, which* and *that* in sentences like the following:
**La profesora que trabaja aquí** *The teacher who works here*
**Las chicas que vimos** *The girls (whom) we saw*
**La casa que he comprado** *The house which/that I bought*

**G32** **Direct and indirect object pronouns:** when the object of a verb is a
pronoun, it can be a direct object (e.g. *me, him, us*) or indirect (e.g. *to me,
to him, to us*). In Spanish these are differentiated in the 3rd person only.

| direct | | indirect | |
| --- | --- | --- | --- |
| **me** | *me* | **me** | *to me* |
| **te** | *you* | **te** | *to you* |
| **lo** | *him/it, you* (**Vd**) m | **le** | *to him, to her, to you* (**Vd**) |
| **la** | *her/it/you* (**Vd**) f | | |
| **nos** | *us* | **nos** | *to us* |
| **os** | *you* | **os** | *to you* |
| **los** | *them, you* (**Vds**) m | **les** | *to them, to you* (**Vds**) |
| **las** | *them, you* (**Vds**) f | | |

**G33** **Position:** Both sets normally go in front of the verb:
**La lavo a mano.** *I wash it (***la camisa***) by hand.* **Diego me ha escrito.**
*Diego has written to me.*

But when there are two verbs one of which is an infinitive, they can either
go before the first verb or be added on to the infinitive:
**Quiero cambiarlo/Lo quiero cambiar.** *I want to change it.*
**No la puedo ver el lunes/No puedo verla.** *I can't see her/you (***Vd***) on
Monday.*

The same rule applies for the immediate future:
**Voy a escribirle** or **Le voy a escribir.** *I'm going to write to him.*

**G34** **Gustar** *to like* (literally *to be pleasing to*) belongs to a group of verbs that are only used in the third person singular and plural, and are always preceded by one of the indirect object pronouns[33]. If what you like is singular, you say **me gusta** and if it's plural you say **me gustan**.

Other verbs in this group include **interesar** *to interest*, **encantar** *to love* and **doler** *to hurt*, because their literal meanings are *to be of interest to, to be enchanting to* and *to do harm to*:
**¿Le gusta esto?** *Do you (Vd) like this?*
**Me encanta la música clásica.** *I love classical music.*
**Les interesa el fútbol.** *They're interested in football.*
**¿Te duele el pie?** *Does your foot hurt?*

**G35** **A:** some verbs that have a person as the object need the preposition **a** before the person, because it's understood that the action is being done *to* them, even if not always specifically expressed in English:
**He llamado por telefono a Miguel.** *I've phoned Miguel.*
**Dio un regalo a su madre.** *He gave a present to his mother.*

When the person is a pronoun rather than a noun, you use an indirect object pronoun.[33]
**Le he llamado por teléfono.** *I phoned him.*
**Le dio un regalo.** *He gave her a present.*

**G36** After a preposition, the pronouns **mí, ti, él, ella, usted, nosotros/as, vosotros/as, ellos/ellas, ustedes** are used: **para mí, según ella, de nosotros, con ellos**.

With the preposition **con** plus **mí** and **ti** a new word is formed **conmigo** *with me*, **contigo** *with you*.

**G37** **Se** is often used in Spanish to indicate that something *is done*, or *can/can't be done*,
**No se puede fumar.** *Smoking is not allowed.*
**Se alquila piso.** *Flat to let.*

and when there's no specific subject:
**¿Se va por aquí a ...?** *Does one go this way to ...?*
**Se puede aparcar aquí?** *Can one/you park here?*

# Spanish–English glossary

This glossary contains the words that occur in *Talk Spanish 2*, with their meanings in these contexts. Abbreviations: (m) masculine, (f) feminine, (sing) singular, (pl) plural, (adj) adjective, (adv) adverb. Unless otherwise indicated, nouns ending in -o are masculine, and those ending in -a and -à are feminine. Most verbs are in the infinitive only, but parts of some Spanish irregular verbs are also included.

## A

a at
  a pie on foot
  a veces sometimes
  a ver let's see
abierto (pp abrir) open, opened
abrazo hug
abrigo coat
  de abrigo warm
abrir to open
abuela grandmother
abuelo grandfather
abuelos grandparents
aburrido/a boring, bored
aburrirse to get bored
acceso access
accesorio accessory
aceite (m) oil
  aceite de oliva olive oil
acogedor(a) cosy
acompañar to accompany
aconsejable advisable
aconsejar to advise
acordarse to remember
acostarse to go to bed
actividad (f) activity
activo/a active
actor (m) actor
actriz (f) actress
acueducto aqueduct
acupuntura acupuncture
adecuado/a appropriate, suitable
además also, moreover
admitir to allow
adónde where
adosado/a terraced
afición (f) hobby
afortunadamente fortunately
afueras outskirts
agencia agency
  agencia de viajes travel agent's

agencia inmobiliaria estate agent's
agente inmobiliario/a estate agent
agradable pleasant
agrícola agricultural, farming
ahí there
  ahí mismo just over there
ahora now
aire acondicionado air conditioning
ajo garlic
albañil (m/f) bricklayer
alemán/alemana German
Alemania Germany
algo something, anything
algodón (m) cotton
algún/alguna some, any
alimentación (f) nutrition
alimento food product
aliviar to alleviate
allí over there
almejas clams
almuerzo lunch
alquilar to hire
alquiler (m) hire
alrededores (m pl) surrounding area
alto/a tall
alubias beans
amable kind, pleasant
amarillo/a yellow
ambulatorio outpatient's clinic
americano/a American
amigo/a friend
amplio large
añadir to add
ancho wide
andar to walk
año year
ansiedad (f) anxiety
Antártida Antarctica
antes before

anticuado/a old-fashioned
antiguo/a old, antique
antipático/a disagreeable
anuncio advertisement
  anuncio de trabajo job advert
aparcamiento parking
aparcar to park
apartamento apartment
apariencia appearance
aparte separately
apellido surname
aperitivo aperitif
apertura opening
aplicar to apply
aprender to learn
aquí here
árabe (m/f) Arabic
aragonés/aragonesa from the region of Aragón
argentino/a Argentinian
armonía harmony
aromático/a aromatic
arquitectura architecture
arriba upstairs
arroz (m) rice
arte (m) art
artesano/a handmade
artritis (f) arthritis
asa handle
ascenso promotion
ascensor (m) lift
aspecto aspect, appearance
atender to attend to
atentamente yours sincerely/faithfully
ático attic
atlántico/a (adj) Atlantic
atracción (f) attraction
atravesar to run through
autobús (m) bus
avenida avenue
aventura adventure
avión (m) aeroplane
ayuda help

**ayudar** to help
**Ayuntamiento** Town Hall
**azafrán** (m) saffron
**azul** blue

# B

**bailar** to dance
**bajar** to get off
**bajo/a** short
**balcón** (m) balcony
**ballena** whale
**baloncesto** basketball
**balonmano** handball
**banco** bank
**baño** bathroom
**bar** (m) bar
**barato/a** cheap
**barbacoa** barbecue
**barco** boat, ship
**bastante** rather
**batir** to beat
**beis** beige
**besos** kisses
**bicicleta** bicycle
**bien** well
**bien comunicado** accessible
**bienvenido/a** (adj) welcome
**bigote** (m) moustache
**billete** (m) ticket
**biológico/a** biological
**blanco/a** white
**bloque** block
**boda** wedding
  **bodas de plata** silver wedding
**bodega** cellar
**bolsillo** pocket
**bolsa de viaje** travel bag
**bolso** handbag
**bonito/a** nice, beautiful
**botas** boots
  **botas de andar** walking boots
**botines** (m pl) ankle boots
**botiquín** (m) first aid kit
**brazo** arm
**brindis** (m) toast
**británico/a** British
**brújula** compass
**buceo** scuba diving
**buen, bueno/a** good
**buenísimo/a** really good
**bueno** well
**buscar** to look for

# C

**cabeza** head
**cachemir** (m) cashmere
**caerse** to fall
**café** coffee
**cafetera** coffee maker
**cajero automático** cash point
**calamar** squid
**caldo** stock
**calefacción** (f) heating
**calendario** calendar
**calentar** to heat
**calidad** (f) quality
**caliente** hot
**calle** (f) road, street
**calmante** (m) painkiller
**calor** heat
  **tener calor** to be hot
**caloría** calorie
**calzado** footwear
**cama** bed
**cámara de fotos** camera
**cambiar** to change
**cambiarse** to move
**cambio** change
**caminar** to walk
**camino** road, route
**camisa** shirt
**campo** field
  **campo de golf** golf course
**canadiense** (m/f) Canadian
**candado** padlock
**candidato/a** candidate
**cansado/a** tired
**cantante** (m/f) singer
**capacidad** (f) capacity
**carísimo/a** really expensive
**carne** (f) meat
**carné de conducir** (m) driving licence
**caro/a** expensive
**carretera** road
**carta** letter, menu
**cartera** wallet, purse
**casa** house, home
**casado/a** married
**casarse** to get married
**casco** helmet
**casco antiguo** historic city centre
**casi** almost
**casita** small house
**castillo** castle

**cata de vinos** wine tasting
**catedral** (f) cathedral
**causar** to cause
**cava** (m) Spanish champagne
**celebrar** to celebrate
**cena** dinner
**cenar** to have dinner
**céntrico/a** central
**centro** centre
**cerca** near
**cerradura** lock
**chalet** (m) villa
**chaqueta** jacket
**chica** girl
**chico** boy
**chimenea** fire place
**chino/a** Chinese
**chocolate** (m) chocolate
**chubasco** shower
**chubasquero** cagoule
**chuleta** chop
**ciencia** science
**cientos** hundreds
**cierre** (m) catch, fastener
**cine** (m) cinema
**cinturón** (m) belt
**cirujano/a** surgeon
**ciudad** (f) city, town
**claro** of course
  **está claro** it is clear, is it clear?
**clase** (f) class, lesson
**clásico/a** classic, classical
**cliente/a** client
**clima** (m) weather
**climático/a** climatic
**cocer** to boil
**coche** (m) car
**cocido** stew
**cocina** cuisine, kitchen
**cocinar** to cook
**coger** to take
**colega** (m/f) colleague
**colegio** school
**colocar** to arrange
**color** (m) colour
**combatir** to combat
**comer** to eat, to have lunch
**comida** food, lunch
**comisaría** police station
**cómo** how, what
**cómodo/a** comfortable
**compañero/a** colleague

**compartimento** compartment
**complejo** complex
**completo/a** full
**comprar** to buy
**compras** shopping
**Comunidad Autónoma** Autonomous Region
**comunitario/a** community
**con** with
  **con mucho gusto** with pleasure
**concierto** concert
**condición** (f) condition
**conferencia** conference
**confirmación** (f) confirmation
**confirmar** to confirm
**congelador** (m) freezer
**congreso** conference
**conmigo** with me
**conocer** to know, to meet
**consejo** advice
**considerar** to consider
**consistir en** to consist of
**construcción** (f) building industry
**construido/a** built
**consultor(a)** consultant
**consultorio sentimental** agony aunt
**contable** (m/f) accountant
**contactar** to contact
**contacto** contact
**contar** to count
**contento/a** happy
**contestar** to answer
**contigo** with you
**contra** against
**contrato** contract
**corbata** tie
**corregir** to rectify
**correo electrónico** e-mail
**cortar** to cut
**corto/a** short
**costa** coast
**costar** to cost
**creativo/a** creative
**crédito** credit
**creer** to believe
**cremallera** zip
**crucero** cruise
**cruzar** to cross
**cuál, cuáles** which one (ones)

**cuándo** when
**cuánto, cuánto tiempo** how, how long
**cuerpo, con cuerpo** body, full-bodied
**cuídate** take care
**culto/a** cultivated
**cultura** culture
**cumpleaños** (m) birthday
**cuñada** sister-in-law
**cuñado** brother-in-law
**curativo/a** healing
**curiosidad** (f) curiosity
**curso** course

# D

**daño, hacerse daño** to hurt oneself
**dar** to give
**de** of, from
  **de copas** for a drink
  **de tapas** for some tapas
**decir** to tell, to say
  **es decir** that's to say
**dedicado/a** dedicated
**dedo** finger, toe
**defender** to defend
**dejar** to leave
**delfín** dolphin (m/f)
**delgado/a** thin
**delicado/a** delicate
**delicioso/a** delicious
**demasiado** (adv) too, too much
**demasiado/a** (adj) too many
**dentista** (m/f) dentist
**denuncia** report to the police
**departamento** department
**deporte** (m) sport
**deprimido/a** depressed
**derecha, a la derecha** right, on the right
**desayunar** to have breakfast
**desayuno** breakfast
**descansar** to rest
**describir** to describe
**descubrir** to discover
**descuento** discount
**desde** since, from
**desértico/a** (adj) desert
**despertarse** to wake up
**después** after, later
**destino** destination

**día** (m) day
**dicho** (pp **decir**) said
**diente** (m) tooth
**dieta** diet
**diferente** different
**difícil** difficult
**dificultad** (f) difficulty
**dígame** hello (on phone)
**dinámico/a** dynamic
**dinero** money
**dirección** (f) address
  **en dirección a** in the direction of
**discoteca** disco
**diseñador/diseñadora** designer
**disponible** available
**distancia** distance
**diversión** (f) leisure activity
**diverso/a** various
**divino/a** divine
**divorciado/a** divorced
**DNI** (m) ID
**doblar** to bend
**doble** double
**doctor(a)** doctor
**documento** document
**doler** to hurt
**dolor** (m) pain
  **dolor de cabeza** headache
  **dolor de estómago** stomach ache
  **dolor de muelas** toothache
  **tengo dolor** I have pain
**domicilio** home
**dónde** where
**dormitorio** bedroom
**dosis** (f) dosage
**ducharse** to have a shower
**dueño/a** owner
**dulce** sweet
**dúplex** (m) two-level flat
**durante** during
**durar** to last

# E

**echar** to pour
**económico/a** economic
**ecuatoriano/a** Ecuadorian
**edad** (f) age
**edificio** building
**Edimburgo** Edinburgh
**educado/a** polite
**educativo/a** educational

eficaz efficient
Egipto Egypt
ejercicio exercise
él he
electricista (m/f) electrician
eléctrico/a electric
elegante smart
elegir to choose
ella she
ellos, ellas them, they
emocionante exciting
empezar to start
empresa company
en in
  en absoluto not at all
  en forma in shape
encantado/a pleased to
meet you
encantar to love
encantaría, me encantaría
I'd love
encima above
encontrar to find
encontrarse to meet
endivia endive
enfermero/a nurse
enhorabuena
congratulations
enorme huge
ensalada salad
enseguida soon
entrante (m) starter
entrenador(a) trainer
enviar to send
equilibrado/a balanced
equinácea echinacea
equipado/a equipped
equipaje (m) luggage
equipo team
  equipo de música music
  centre
equitación (f) riding
eres (from ser) you are
es (from ser) he/she/it is,
you are
escalada climbing
Escocia Scotland
escrito (pp escribir) written
escuchar to listen
escuela school
escurrir to drain
ese/a that
ése/a that one
esguince (m) sprain
eso that

esos/esas those
ésos/ésas those (ones)
espacioso/a spacious
espalda back
España Spain
español(a) Spanish
espárrago asparagus
especial special
especialidad (f) speciality
especialista (m/f)
consultant
especialmente specially
esperar to wait, to hope
espíritu (m) spirit
esposo/a spouse
espumoso/a sparkling
esquí (m) skiing
esquiar to ski
estaba (from estar) it was
estación (f) station, season
Estados Unidos (m pl)
United States
estar to be
  estar de acuerdo to agree
este (m) East
este/a this
éste/a this one
estimado/a dear
estómago stomach
estos/estas these
éstos/éstas these (ones)
estoy (from estar) I'm
estrés (m) stress
estricto/a strict
estudiar to study
estudio studio flat
estudios studies
estupendo/a great
estuve (from estar) I was
europeo/a European
evento event
exceder to exceed
excelente excellent
excursión (f) excursion
éxito success
  tener éxito to be
  successful
experiencia experience
explorar to explore
exposición (f) exhibition
exquisito/a exquisite
exterior outside
extranjero abroad
extranjero/a (adj) foreign
extremo far end

extremo/a (adj) extreme

## F

fabricación (f) manufacture
fabricado/a made
fácil easy
falda skirt
falso/a false
familia family
familiar (adj) family, familiar
famoso/a well known,
famous
fantástico/a fantastic
farmacéutico/a pharmacist
farmacia de guardia duty
chemist
fatal awful
  me siento fatal I feel awful
fecha date
felicitar to congratulate
feliz happy
fenomenal very good, well
fianza deposit
fiebre (f) temperature
fiesta festivals
fijar to fix
fijarse to pay attention
fin (m) end
  fin de semana weekend
final: al final de at the
end of
físicamente physically
físico/a physical
fisioterapia physiotherapy
fluido/a fluent
folleto leaflet
fondo: al fondo de at the
end of
fontanero/a plumber
formación (f) training
formulario form
foto (f) photo
fotografía photography
francés/francesa French
Francia France
freír to fry
fresco/a cool
frigorífico fridge
frío/a cold
frustración (f) frustration
fuego fire
fuerte hard, strong
fui (from ir) I went
fuiste (from ir) you went
fumar smoking

fundado/a founded
fútbol (m) football

# G

gafas glasses
  gafas de sol sunglasses
gallego/a from the Galician region
gamba prawn
ganas: tener ganas to feel like
garaje (m) garage
garbanzos chick peas
garganta throat
gastronómico/a gastronomic
general: por lo general generally
genética genetics
gente (f sing) people
gerente (m/f) manager
gimnasio gym
girar to turn
glaciar (m) glacier
gobierno Government
golpe (m) knock, bump
gordito/a plump
gordo/a fat
gorro hat
gótico/a gothic
gozar to enjoy
graduación (f) graduation
graduarse to graduate
gráfico/a graphic
gran reserva vintage
grande big
grandes almacenes (m pl) department store
gripe (f) flu
gris grey
grupo group
guantes (m pl) gloves
guapísimo/a really handsome, good-looking
guapo/a good-looking
Guardia Civil Civil Guard
guía (turística) (tourist) guide
guiado/a guided
guisantes (m pl) peas
guitarra guitar
gustar to like
gustaría (from gustar) would like

# H

habitación (f) room
hablar to speak
hacer to do, to make
hacer falta to need
hacerse daño to hurt oneself
hago (from hacer) I do
hambre hunger
  tener hambre to be hungry
hasta until, till
hay there is, there are
hecho (pp hacer) made
hermana sister
hermano brother
hidroterapia hydrotherapy
hija daughter
hijo son
hijos children
hincha (m/f) supporter
historia history
hizo (from hacer) he/she did
holístico/a holistic
hombre (m) man
hombro shoulder
hora time, hour
horario timetable
horno oven
hoy today
huevo egg
húmedo/a humid
Hungría Hungary

# I

id (from ir) go
idioma (m) language
ido (pp ir) gone
iglesia church
impermeable (adj) waterproof
importante important
impresionante impressive
incluido/a included
indicar to indicate
indio/a Indian
individual single
información (f) information
informática IT
ingeniero/a engineer
Inglaterra England
inglés/inglesa English
ingrediente (m) ingredient
instituto secondary school

inteligente clever
interés (m) interest
interesado/a interested
interesante interesting
interesar to be interested
interior (m) inside
  en el interior inland
intermedio intermediate
internacional international
interno/a internal
intolerancia intolerance
investigador/investigadora researcher
invierno winter
invitado/a invited
ir to go
ir de compras to go shopping
irlandés/irlandesa Irish
irregularidad (f) irregularity
irritarse to get irritated
isla island
italiano/a Italian
IVA VAT
izquierda left
  a la izquierda on the left

# J

japonés/japonesa Japanese
jardín (m) garden
jardinería gardening
jersey (m) jumper
jornada, jornada continua working day, day without breaks
jornada, jornada partida working day, divided day
joven (m/f) young, young person
jugar to play
juntos together

# L

laboral (adj) working
lado side
lana wool
langosta lobster
largo/a long
Latinoamérica Latin America
lavabo sink
lavadora washing machine
lavar to do the washing
lavavajillas (m) dishwasher
legumbre (f) pulses

lejos far
lengua language
lentejas lentils
lento/a slow
león/leona lion/lioness
levantar to lift
levantarse to get up
ligero/a lightweight
limonero lemon tree
limpiar to clean
lino linen
liso/a straight
lista list
llamar to call
  llamar por teléfono to
  phone
llamarse to be called
llamativo/a striking
llámenos call us
llegar to arrive
lleno/a full
llover, llueve to rain, it rains
lo siento I'm sorry
Londres London
luego then
lugar (m) place
lujo/a luxurious
luminoso/a light
luz (f) light

# M
madre mother
maduro/a mature
magnífico/a magnificent
majo/a nice
mal (adv) bad
  me siento mal I feel bad
maleducado/a rude
maleta suitcase
maletín (m) briefcase
mamá mum
mañana tomorrow,
morning
mandar to send
mano (f) hand
 a mano by hand
mantenimiento keep fit
mapa (m) map
mar (m) sea
maravilloso/a marvellous
maridaje (m) combination
marido husband
marino/a (adj) marine, sea
mariscada seafood meal

marisco seafood
marrón brown
más more
mayores (m/f pl) the elderly
mayoría majority
me I, me
media half, average
mediano/a medium
medicina medicine
médico/a doctor
medieval mediaeval
meditación (f) meditation
mediterráneo/a
Mediterranean
mejor better, best
mejorar to get better
menos less
mensaje (m) message
mercado market
mes (m) month
mezclar to mix
mi my
mí me
microondas (m) microwave
miedo fear
  tener miedo to be afraid
mientras while, whilst
mínimo/a minimum
minuto minute
mirar to look, to browse
mire, mira (from mirar)
look
mis my
mitad (f) half
mochila rucksack
moda fashion
modelo (m/f) model
moderno/a modern
montaña mountain
montañismo
mountaineering
monumento monument
moreno/a dark (hair)
moto (f) motorbike
moverse to move
móvil (m) mobile
mucho (adv) a lot
mucho/a a lot of
muelas teeth, molars
mujer (f) wife, woman
multinacional (f) + (adj)
multinational
mundo world
museo museum

música music
músico/a musician
muy very

# N
nacimiento birth
nacionalidad (f) nationality
nada nothing, at all
nadar to swim
nadie nobody
naranja orange
naranjo orange tree
nariz (f) nose
naturaleza nature
náutico/a (adj) water
Navidad (f) Christmas
necesario/a necessary
necesitar to need
negro black
ni ... ni neither ... nor
niebla fog
nieta granddaughter
nieto grandson
nietos grandchildren
nieva, nevar it snows, to
snow
ninguno/a none, any
niño/a child
nivel (m) level
noche (f) night
nombre (m) name
noreste (m) Northeast
normal normal, average
normalmente usually
noroeste (m) Northwest
norte (m) North
nosotros/nosotras we
novia girlfriend, fiancée
novio boyfriend, fiancé
nuera daughter-in-law
nuestro/a our
nuevo/a new
número number, shoe size
nunca never

# O
o sea in other words
objeto object
obra de arte masterpiece
oca goose
océano ocean
oculista (m/f) optician
ocuparse to look after
oeste (m) West

oficina office
**Oficina de objetos
perdidos** Lost Property
Office
ofrecer to offer
oído ear
oiga excuse me
ojo eye
**operador de viajes** (m) tour
operator
**oportunidad** (f)
opportunity
**ordenador** (m) computer
**organizador(a)** organiser
organizar to organise
orientado/a facing
os you, to you
oscuro/a dark
otro/a other, another
oye listen, hey

# P

padre father
**padres** (m pl) parents
pagar to pay
página page
**país** (m) country
**paisaje** (m) landscape
pajarita bow tie
pantalla screen
**pantalón** (m) trousers
**par** (m) couple
para for
parada bus stop
parcela plot of land
parecer to look, to seem
pareja couple
**parque** (m) park
  **parque infantil** children's
  park
**parte** (f) part
pasado/a last
pasajero/a passenger
**pasaporte** (m) passport
pasar to spend (time), to
happen
**pasar bien** to have a good
time
pasear go for a walk
pastilla tablet
patata potato
patio patio
pausa break
**paz** (f) peace
pedir to ask for

pelearse to fight
película film
pelo hair
pensar to think
peor worse
pequeño/a small, little
perder to lose
perderse to miss, get lost
**perdido** (pp **perder**) lost
perdido/a (adj) lost
**perdón/perdona** excuse
me
**perejil** (m) parsley
**perfección** (f) perfection
perfecto perfect
**periodista** (m/f) journalist
pero but
perro dog
persona person
personalmente personally
peruano/a Peruvian
**pesas** (f pl) weights
pescado fish
peso weight
piano piano
pie foot
  **a pie** by foot
piedra stone
**piel** (f) leather, skin
pierna leg
**piloto** (m/f) pilot
pimiento pepper
**pingüino** penguin
**piragüismo** canoeing
piscina swimming-pool
piso flat
**placer** (m) pleasure
**plan** (m) plan
**plancha, a la plancha**
grilled
planchar to do the ironing
planear to plan
**planeta** (m) planet
plano map
planta floor, store, plant
  **planta baja** ground floor
plato dish
playa beach
plaza seat, square
**poco, un poco** (adv) a little
poder can, to be able
**poder** (m) power
**policía** (m/f) policeman,
policewoman
pomada cream

poner to put
**poner una denuncia** to
report to the police
**ponerse en forma** to get fit
**póngase** (from **ponerse**)
put on
por around, out of
  **por aquí** round here
  **por ejemplo** for example
  **por lo general** generally
  **por qué** why
  **por supuesto** of course
porque because
**portátil** (m) laptop
**posibilidad** (f) possibility
posible possible
**postal** (f) postcard
**postre** (m) dessert
práctica practice
practicar to practise
precio price
precioso/a beautiful, lovely
preferiblemente preferably
preferir to prefer
pregunta question
prenda garment
preocuparse to worry
preparar to prepare
presentar to introduce
**primera línea** beachfront
primero/a first
primo/a cousin
principio principle
**principio, a principios**
beginning, at the beginning
probablemente probably
probar to taste
probarse to try on
**problema** (m) problem
producto product
**profesión** (f) profession
**profesor/profesora** teacher
**programador/
programadora**
programmer
prohibir to forbid
pronto early, soon
proponer to propose
provincia province
próximo/a next
pueblo village
**puedo** (from **poder**) I can
pues well
**puesto** (pp **poner**) put

## Q

que who, what
¿qué? what?
 ¡qué bien! great!
 ¿qué desea? can I help you?
 ¿qué ha pasado? what's happened?
 ¿qué le pasa? what's the matter?
que lo paséis bien enjoy yourselves
 ¡qué pena! what a shame
 ¡qué suerte! how lucky
 ¿qué tal? how are you?
 ¿qué tal si ...? how about ...?
 ¡que te mejores pronto! get well soon!
quedar to fit
quedarse to stay
querer to want
quería (from querer) I'd like
queso cheese
¿quién? who?
quiero (from querer) I want
químico/a (adj) chemical
quisiera (from querer) I'd like

## R

radio (f) radio
rápidamente quickly
rápido/a quick, fast
razón (f) reason
realizado/a made
receta recipe
recibir to receive
recientemente recently
recoger to collect, to meet
recomendado/a recommended
recordar to remember
recordar a to remind of
recorrer to go round
referencia reference
reformado/a refurbished
regalo present
régimen (m) diet
región (f) region
rehogar to fry lightly
reírse to laugh
relacionarse to relate to

relaciones públicas public relations
rellenar to fill in
remedio remedy
repetir to repeat
representante (m/f) representative
República Checa (la) Czech Republic
reserva reservation
reservar to book
resfriado cold
resistente resistant
restaurante (m) restaurant
restaurar to restore
reunión (f) meeting
reunirse to meet
revolver to stir
rico/a rich
ridículo/a ridiculous
río river
ritmo pace
 ritmo de vida pace of life
rizado/a curly
rodilla knee
rojo/a red
romano/a Roman
ropa clothes
 ropa de abrigo warm clothes
rosado rosé wine
roto/a broken
rubio/a (adj) fair
rueda wheel
Rumanía Rumania
rumano/a Rumanian
rural rural
ruta route

## S

saber to know
sacar to withdraw, to take out
sal (from salir) go out
sala room
 sala de estar living room
salario salary
salir to leave, to go out
salón-comedor (m) living-dining room
saltear to sauté
salud (f) cheers, health
saludos greetings
sandalias sandals
sano/a healthy

sartén (f) frying pan
sé (from saber) I know
se puede (from poder) it's possible, allowed, I/you/we can
secadora dryer
seco/a dry
secretario/a secretary
secretario/a de dirección PA
secreto secret
sector (m) sector, industry
seda silk
seguir to follow, to continue
seguramente most likely
seguro insurance
semáforo traffic lights
semana week
semiseco/a medium dry
señal (f) beep
senderismo trekking
sendero path
señor Mr, sir
sentirse to feel
ser to be
será (from ser) it will be
servicio toilet
servir to serve
si if
sí yes
siempre always
siéntese sit down
siento: lo siento I'm sorry
siesta nap in the afternoon
siguiente following
silencio silence
simpático/a likeable, nice
sistema (m) system
situación (f) situation
situado/a located
sobre about
sobre todo specially
sois (from ser) you are
sol (m) sun
 tomar el sol to sunbathe
solamente only
soldado (m/f) soldier
soleado/a sunny
sólo only
solo/a on (my, your, etc.) own
solomillo sirloin
soltero/a single
somos (from ser) we are

son (from ser) they are, you (Vds) are
sondeo survey
sorpresa surprise
soy (from ser) I am
su his, her, its
suave smooth
subir to go up
suerte (f) luck
  qué suerte how lucky
Suiza Switzerland
supermercado supermarket
suplemento supplement
sur (m) South
Suramérica South América

## T

talla size
tamaño size
también also, as well
tan so
tarde (adv) late
tarde (f) afternoon, evening
tarifa fee
tarjeta card
  tarjeta de crédito credit card
tarta cake
teatro theatre
técnico/a technician
tejido fabric
tele (f) (televisión) TV
teléfono telephone
temperatura temperature
temprano early
tener to have
  tener lugar to take place
  tener que to have to
tenis tennis
terminar to finish
ternera veal
terraza terrace
tiempo time
  tiempo libre free time
tienda shop
tigre/tigresa tiger
tinto red wine
típico/a typical
tipo type
tobillo ankle
tocar to play
todavía still, yet
todo everything, all

todo recto straight ahead
todo/a every
tomar to take
  tomar el sol to sunbathe
tormenta storm
tortilla omelette
tos (f) cough
tostadora toaster
totalmente totally
trabajar to work
tradicional traditional
traer to bring
trágico/a tragic
traiga (from traer) bring
traje (m) suit
tranquilo/a quiet
trasero back
traslado move
trastero storage room
trastorno malfunction
tren (m) train
triste sad
trozo piece
tu your
tú you (informal)
turismo tourism
turista (m/f) tourist
turístico/a tourist
tutearse to use tú
tuve (from tener) I had

## U

último/a latest
ultramoderno/a ultramodern
único/a unique
universidad (f) university
uno/a one
urbanización (f) development
urbano/a (adj) urban, city
urgencias A&E Department
usar to use
usted you (formal)
ustedes you (plural formal)

## V

vacaciones (f pl) holidays
vale OK
valle (m) valley
vamos (from ir) let's, let's go
vaqueros (m) jeans
vaya what
¡vaya! really!

Vd you (formal)
Vds you (pl formal)
ve, vete (from ir) go
vela sailing
ven (from venir) come
vender to sell
venga (from venir) come
venir to come
ver to see
verano summer
verdadero/a true
verde green
verdura vegetables
vestido dress
vestirse to dress
viajar to travel
viaje (m) trip, journey
vida life
viejo/a old
viento wind
vino wine
virus (m) virus
visita visit
visitante (m/f) visitor
visitar to visit
vista view
visto (pp ver) seen
vitamina vitamin
vitamínico/a (adj) vitamin
vitrocerámica halogen hob
vivienda property
vivir to live
volcán (m) volcano
volcánico/a volcanic
volver to return, to go back
vosotros/vosotras you (pl informal)
voy (from ir) I go
vuelo flight
vuelto (pp volver) returned

## W

windsurf windsurfing
  hacer windsurf go windsurfing

## Y

y and
yo I

## Z

zapatería shoe shop
zapatos shoes
zona area

# English–Spanish glossary

## A

A&E Department **urgencias**
to be able: I can **puedo**
(from **poder**)
about **sobre**
above **encima**
abroad **extranjero**
access **acceso**
accessible **bien**
**comunicado**
accessory **accesorio**
to accompany **acompañar**
accountant **contable** (m/f)
active **activo/a**
activity **actividad** (f)
actor, actress **actor** (m),
**actriz** (f)
acupuncture **acupuntura**
to add **añadir**
address **dirección** (f)
adventure **aventura**
advertisement **anuncio**
advice **consejo**
advisable **aconsejable**
to advise **aconsejar**
aeroplane **avión** (m)
afraid: to be afraid **tener**
**miedo**
after **después**
afternoon **tarde** (f)
against **contra**
age **edad** (f)
agency **agencia**
to agree **estar de acuerdo**
air conditioning **aire**
**acondicionado**
all **todo**
to alleviate **aliviar**
to allow **admitir**
almost **casi**
also **también**
always **siempre**
am **soy** (from **ser**)
American **americano/a,**
**estadounidense** (m/f)
and **y**
ankle **tobillo**
ankle boots **botines**
another **otro/a**
to answer **contestar**

Antarctica **Antártida**
antique **antiguo/a**
anxiety **ansiedad** (f)
any **algún/alguna, ningún/**
**ninguna**
anything **algo**
apartment **apartamento**
aperitif **aperitivo**
appearance **aspecto,**
**apariencia**
to apply **aplicar**
apply **póngase** (from
**poner**)
appropriate **adecuado/a**
Arabic **árabe** (m/f)
architecture **arquitectura**
area **zona**
Argentinian **argentino/a**
arm **brazo**
aromatic **aromático/a**
around **por**
to arrange **colocar**
to arrive **llegar**
art **arte** (m)
arthritis **artritis**
to ask for **pedir**
asparagus **espárrago**
aspect **aspecto**
at **a, en**
to attend to **atender**
attention **atención**
  to pay attention **fijarse**
attic **ático**
attraction **atracción** (f)
available **disponible**
avenue **avenida**
average **medio/a**
awful: I feel awful **me**
**siento fatal**

## B

back **espalda**
back (garden) **trasero/a**
bad **mal** (adv)
  I feel bad **me siento mal**
balanced **equilibrado/a**
balcony **balcón** (m)
bank **banco**
bar **bar** (m)
barbecue **barbacoa**

basketball **baloncesto**
bathroom **baño**
to be **estar, ser**
beach **playa**
beachfront **primera línea**
beans **alubias**
to beat **batir**
beautiful **bonito/a,**
**precioso/a**
because **porque**
bed **cama**
bedroom **dormitorio**
beep **señal** (f)
before **antes**
beginning **principio**
  at the beginning **a**
  **principios**
beige **beis**
to believe **creer**
belt **cinturón** (m)
to bend **doblar**
better, best **mejor**
to get better **mejorar**
bicycle **bicicleta**
big **grande**
biological **biológico/a**
birth **nacimiento**
birthday **cumpleaños** (m)
black **negro/a**
block **bloque**
blond (hair) **rubio/a**
blue **azul**
boat **barco**
body **cuerpo**
  full-bodied **con cuerpo**
to boil **cocer**
to book **reservar**
boots **botas**
  walking boots **botas de**
  **andar**
bored **aburrido/a**
to get bored **aburrirse**
boring **aburrido/a**
bow tie **pajarita**
boy **chico**
boyfriend **novio**
break **pausa**
breakfast **desayuno**
bricklayer **albañil** (m/f)
briefcase **maletín** (m)

to bring **traer**
bring **traiga** (from **traer**)
British **británico/a**
broken **roto/a**
brother **hermano**
brother-in-law **cuñado**
brown **marrón**
to browse **mirar**
building **edificio**
building industry
**construcción** (f)
built **construido/a**
bump **golpe** (m)
bus **autobús** (m)
bus stop **parada de
autobús**
but **pero**
to buy **comprar**

## C
cagoule **chubasquero**
cake **tarta**
calendar **calendario**
to call **llamar**
  call us **llámenos**
to be called **llamarse**
calorie **caloría**
camera **cámara de fotos**
can (to be able to) **poder**
  can I help you? **¿qué
  desea?**
Canadian **canadiense** (m/f)
candidate **candidato/a**
canoeing **piragüismo**
capacity **capacidad** (f)
car **coche** (m)
card **tarjeta**
  credit card **tarjeta de
  crédito**
cash point **cajero
automático**
cashmere **cachemir** (m)
castle **castillo**
cathedral **catedral** (f)
to cause **causar**
to celebrate **celebrar**
cellar **bodega**
central **céntrico/a**
centre **centro**
to change **cambiar**
change **cambio**
cheap **barato/a**
cheers! **salud!**
cheese **queso**

chemical **químico/a** (adj)
chick peas **garbanzos**
child **niño/a**
children **hijos**
Chinese **chino/a**
to choose **elegir**
chocolate **chocolate** (m)
chop **chuleta**
Christmas **Navidad** (f)
church **iglesia**
cinema **cine** (m)
city **ciudad** (f)
clams **almejas**
class **clase** (f)
classic **clásico/a**
to clean **limpiar**
clever **inteligente**
client **cliente/a**
climatic **climático/a**
climbing **escalada**
clothes **ropa**
coast **costa**
coat **abrigo**
coffee **café**
coffee maker **cafetera**
cold **frío, resfriado**
colleague **colega** (m/f),
**compañero/a**
to collect **recoger**
colour **color** (m)
to combat **combatir**
to come **venir**
come **ven** (tú from **venir**)
**venga** (usted from **venir**)
comfortable **cómodo/a**
community **comunitario/a**
company **empresa**
compartment
**compartimento**
compass **brújula**
complex **complejo**
computer **ordenador** (m)
concert **concierto**
condition **condición** (m)
conference **conferencia,
congreso**
to confirm **confirmar**
confirmation **confirmación** (f)
to congratulate **felicitar**
congratulations
**enhorabuena**
to consider **considerar**
to consist of **consistir en**
consultant **consultor/a,**

**especialista** (m/f)
to contact **contactar**
contact **contacto**
to continue **seguir**
contract **contrato**
to cook **cocinar**
cool **fresco/a**
to cost **costar**
cosy **acogedor(a)**
cotton **algodón** (m)
cough **tos** (f)
to count **contar**
country **país** (m)
couple **par** (m), **pareja**
course **curso**
cousin **primo/a**
cream **pomada**
creative **creativo/a**
to cross **cruzar**
cruise **crucero**
cuisine **cocina**
cultivated **culto/a**
culture **cultura**
curiosity **curiosidad** (f)
curly **rizado/a**
to cut **cortar**
Czech Republic **República
Checa (la)**

## D
to dance **bailar**
dark **oscuro/a**
dark (hair) **moreno/a**
date **fecha**
daughter **hija**
daughter-in-law **nuera**
day **día** (m)
dear **estimado/a**
dedicated **dedicado/a**
to defend **defender**
delicate **delicado/a**
delicious **delicioso/a**
dentist **dentista** (m/f)
department **departamento**
department stores **grandes
almacenes** (m pl)
deposit **fianza**
depressed **deprimido/a**
to describe **describir**
designer **diseñador/
diseñadora**
dessert **postre** (m)
destination **destino**
development **urbanización** (f)

diet dieta, régimen (m)
different diferente
difficult difícil
difficulty dificultad (f)
dinner cena
direction: in the direction
of en dirección a
disagreeable antipático/a
discount descuento
to discover descubrir
dish plato
dishwasher lavavajillas (m)
distance distancia
divine divino/a
divorced divorciado/a
to do hacer
  I do hago (from hacer)
doctor doctor/doctora,
médico/a
document documento
dog perro
dolphin delfín (m/f)
dosage dosis (f)
double doble
to drain escurrir
dress vestido
to dress vestirse
driving licence carné de
conducir (m)
dry seco/a
dryer secadora
during durante
duty chemist farmacia de
guardia
dynamic dinámico/a

# E

ear oído
early temprano, pronto
East este (m)
easy fácil
to eat comer
economic económico/a
Ecuadorian ecuatoriano/a
Edinburgh Edimburgo
educational educativo/a
efficient eficaz
egg huevo
Egypt Egipto
elderly (the) mayores
(m/f pl)
electric eléctrico/a
electrician electricista (m/f)

e-mail correo electrónico,
e-mail
end final, fondo
  at the end of al final de,
  al fondo de
endive endivia
engineer ingeniero/a
England Inglaterra
English inglés/inglesa
to enjoy gozar
  enjoy yourselves! que lo
  paséis bien!
equipped equipado/a
estate agent's agencia
inmobiliaria
estate agent agente
inmobiliario/a
European europeo/a
evening tarde (f)
event evento
every todo/a
everything todo
to exceed exceder
excellent excelente
exciting emocionante
excursion excursión (f)
excuse me oiga, perdón/
perdona
exercise ejercicio
exhibition exposición (f)
expensive, really expensive
caro/a, carísimo/a
experience experiencia
to explore explorar
exquisite exquisito/a
extreme extremo/a (adj)
eye ojo

# F

fabric tejido
facing orientado/a
fair (hair) rubio/a
to fall caerse
false falso/a
family familia
famous famoso/a
fantastic fantástico/a
far lejos
far end extremo
farming agrícola
fashion moda
fast rápido/a, rápidamente
fat gordo/a

father padre
fear miedo
fee tarifa
to feel sentirse
to feel like tener ganas (de)
festival fiesta
fiancé(e) novio/a
field campo
to fight pelearse
to fill in rellenar
film película
to find encontrar
finger dedo
to finish terminar
fireplace chimenea
first primero/a
first aid kit botiquín (m)
fish pescado
to fit quedar
to fix fijar
flat piso
flight vuelo
floor planta, piso
flu gripe (f)
fluent fluido/a
fog niebla
to follow seguir
following siguiente
food product alimento
food, lunch comida
foot pie
  on foot a pie
football fútbol (m)
footwear calzado
for para, por
  for example por ejemplo
to forbid prohibir
foreign extranjero/a (adj)
form formulario
fortunately
afortunadamente
founded fundado/a
France Francia
freezer congelador (m)
French francés/francesa
fridge frigorífico
friend amigo/a
from de, desde
frustration frustración (f)
to fry freír
to fry lightly rehogar
frying pan sartén (f)
full completo/a, lleno/a

## G

garage **garaje** (m)
garden **jardín** (m)
gardening **jardinería**
garlic **ajo**
garment **prenda**
gastronomic **gastronómico/a**
generally **por lo general**
genetics **genética**
German **alemán/alemana**
Germany **Alemania**
to get fit **ponerse en forma**
to get off **bajar**
to get up **levantarse**
to get well: get well soon! **¡que te mejores pronto!**
girl **chica**
girlfriend **novia**
to give **dar**
glacier **glaciar** (m)
glasses **gafas**
gloves **guantes** (m pl)
go **ve, vete, id** (from **ir**)
to go **ir**
  I go **voy** (from **ir**)
to go round **recorrer**
to go to bed **acostarse**
to go out **salir**
  go out **sal** (from **salir**)
to go up **subir**
to go for a walk **pasear**
golf course **campo de golf**
gone **ido** (pp **ir**)
good-looking **guapo/a**
good, really good **buen, bueno/a, buenísimo/a**
goose **oca**
gothic **gótico/a**
Government **gobierno**
to graduate **graduarse**
graduation **graduación** (f)
grandchildren **nietos**
granddaughter **nieta**
grandfather **abuelo**
grandmother **abuela**
grandparents **abuelos**
grandson **nieto**
graphic **gráfico/a**
great **estupendo, qué bien**
green **verde**
greetings **saludos**
grey **gris**
grilled **a la plancha**

ground floor **planta baja**
group **grupo**
guide: tourist guide **guía turística**
guided **guiado/a**
guitar **guitarra**
gym **gimnasio**

## H

hair **pelo**
half **mitad** (f)
hand made **artesano/a**
hand **mano** (f)
  by hand **a mano**
handbag **bolso**
handle **asa**
handsome, really handsome **guapo/a, guapísimo/a**
to happen **pasar**
  what's happened? **¿qué ha pasado?**
happy **contento/a, feliz**
hard **fuerte**
harmony **armonía**
hat **gorro**
to have **tener**
  I had **tuve** (from **tener**)
to have a good time **pasar bien**
to have a shower **ducharse**
to have breakfast **desayunar**
to have dinner **cenar**
to have lunch **comer**
to have to **tener que**
he **él**
head **cabeza**
headache **dolor** (m) de cabeza
healing **curativo/a**
health **salud** (f)
healthy **sano/a**
to heat **calentar**
heat **calor**
heating **calefacción** (f)
hello (on phone) **dígame**
helmet **casco**
help **ayuda**
to help **ayudar**
here **aquí**
to hire **alquilar**
hire **alquiler** (m)
his, her, its **su**

historic **antiguo/a**
history **historia**
hobby **afición** (f)
holidays **vacaciones** (f)
holistic **holístico/a**
home **domicilio, casa**
to hope **esperar**
hot **caliente**
to be hot **tener calor,** (weather) **hacer calor**
hour **hora**
house **casa**
how **cómo, cuánto**
  how about ...? **¿qué tal si ...?**
  how lucky! **¡qué suerte!**
  how much? **¿cuánto?**
  how are you? **¿qué tal?**
huge **enorme**
hug **abrazo**
humid **húmedo/a**
hundreds **cientos**
Hungary **Hungría**
to be hungry **tener hambre**
to hurt **doler**
to hurt oneself **hacerse daño**
husband **marido**
hydrotherapy **hidroterapia**

## I

I **yo**
  I am **estoy** (from **estar**)
  I was **estuve** (from **estar**)
  I'm sorry **lo siento**
ID **DNI** (m)
if **si**
important **importante**
impressive **impresionante**
in **en**
  in other words **o sea**
  in shape **en forma**
included **incluido/a**
Indian **indio/a**
indicate **indicar**
industry **industria**
information **información** (f)
ingredient **ingrediente** (m)
inland **en el interior**
inside **interior**
insurance **seguro**
interest **interés** (m)
interested **interesado/a**
to be interested **interesar**
interesting **interesante**

intermediate **intermedio/a**
international **internacional**
intolerance **intolerancia**
to introduce **presentar**
invited **invitado/a**
Irish **irlandés/irlandesa**
iron: to do the ironing
**planchar**
irregularity **irregularidad** (f)
irritated: to get irritated
**irritarse**
island **isla**
IT **informática**
it is clear, is it clear? **está
claro**
it was **estaba** (from **estar**)
it will be **será** (from **ser**)
it's allowed **se puede** (from
**poder**)
it's possible **se puede** (from
**poder**)
Italian **italiano/a**

# J
jacket **chaqueta**
Japanese **japonés/
japonesa**
jeans **vaqueros** (m)
job advert **anuncio de
trabajo**
journalist **periodista** (m/f)
journey **viaje** (m)
jumper **jersey** (m)

# K
keep fit **mantenimiento**
kind **amable**
kisses **besos**
kitchen **cocina**
knee **rodilla**
knock **golpe** (m)
to know **saber, conocer**
I know **sé** (from **saber**)

# L
landscape **paisaje** (m)
language **idioma** (m),
**lengua**
laptop **portátil** (m)
large **am plio/a**
to last **durar**
last **pasado/a**
late **tarde** (adv)
later **después**

latest **último/a**
Latin America
**Latinoamérica**
to laugh **reírse**
leaflet **folleto**
to learn **aprender**
leather **piel** (f)
to leave **dejar**
to leave, go out **salir**
left **izquierda**
  on the left **a la izquierda**
leg **pierna**
leisure activity **diversión** (f)
lemon tree **limonero**
lentils **lentejas**
less **menos**
lesson **clase** (f)
let's go **vamos** (from **ir**)
let's see **a ver**
letter **carta**
level **nivel** (m)
life **vida**
lift **ascensor** (m)
to lift **levantar**
light **luminoso/a; luz** (f)
lightweight **ligero/a**
to like **gustar**
  I'd like **me gustaría/
  quisiera/quería**
likeable **simpático/a**
likely **seguramente**
linen **lino**
lion/lioness **león/leona**
list **lista**
to listen **escuchar**
listen! **¡oye!, ¡oiga!** (from
**oir**)
little **pequeño/a**
  a little **poco, un poco** (adv)
to live **vivir**
living room **sala de estar**
living-dining room **salón-
comedor** (m)
lobster **langosta**
located **situado/a**
lock **cerradura**
London **Londres**
long **largo/a**
to look **mirar**
look **mire, mira**
to look after **ocuparse**
to look for **buscar**
to lose **perder**
lost **perdido** (pp **perder**)

perdido/a (adj)
to get lost **perderse**
Lost Property Office
**Oficina de objetos
perdidos**
lot: a lot, lot of **mucho**
(adv), **mucho/a** (adj)
to love **encantar**
  I'd love **encantaría, me
  encantaría**
lovely **precioso/a**
lucky: how lucky **qué
suerte**
luggage **equipaje** (m)
lunch **almuerzo**
luxurious **de lujo, lujoso/a**

# M
made **fabricado/a, hecho**
(pp **hacer**)
made **realizado**
to make **hacer**
magnificent **magnífico/a**
majority **mayoría**
malfunction **trastorno**
man **hombre** (m)
manager **gerente** (m/f)
manufacture **fabricación** (f)
map **mapa** (m), **plano**
marine **marino/a**
market **mercado**
married **casado/a**
to get married **casarse**
marvellous **maravilloso/a**
masterpiece **obra de arte**
mature **maduro/a**
meat **carne** (f)
mediaeval **medieval**
medicine **medicina**
meditation **meditación** (f)
Mediterranean
**mediterráneo/a**
medium **mediano/a**
medium dry **semiseco**
to meet **encontrarse,
reunirse, conocer**
meeting **reunión** (f)
menu **carta**
message **mensaje** (m)
microwave **microondas** (m)
minimum **mínimo/a**
minute **minuto**
to miss **perderse**
to mix **mezclar**

mobile móvil (m)
model modelo (m/f)
modern moderno/a
money dinero
month mes (m)
monument monumento
more más
morning mañana
mother madre
motorbike moto (f)
mountain montaña
moustache bigote (m)
to move cambiarse, moverse
move traslado
Mr señor
multinational multinacional (f)
mum mamá
museum museo
music música
music centre equipo de música
musician músico/a
my mi, mis

## N

name nombre (m)
nap in the afternoon siesta
nationality nacionalidad (f)
nature naturaleza
near cerca
necessary necesario/a
to need hacer falta, necesitar
neither ... nor ni ... ni
never nunca
new nuevo/a
next próximo/a
nice simpático/a, majo/a, bonito/a
night noche
nightclub discoteca
nobody nadie
none ninguno/a
North norte (m)
Northeast noreste (m)
Northwest noroeste (m)
nose nariz (f)
not at all en absoluto
nothing nada
now ahora
number número

nurse enfermero/a
nutrition alimentación (f)

## O

object objeto
ocean océano
of de
  of course claro, por supuesto
to offer ofrecer
office oficina
oil aceite (m)
  olive oil aceite de oliva
OK vale
old antiguo/a, viejo/a
old-fashioned anticuado/a
omelette tortilla
one uno/a
only solamente, sólo
open abierto/a
to open abrir
opened abierto (pp abrir)
opening apertura
opportunity oportunidad (f)
optician oculista (m/f)
orange naranja
orange tree naranjo
to organise organizar
organiser organizador/organizadora
other otro/a
our nuestro/a
outpatient's clinic ambulatorio
outside exterior
outskirts afueras
oven horno
over there allí
owner dueño/a

## P

PA secretario/a de dirección
pace ritmo
  pace of life ritmo de vida
padlock candado
page página
pain dolor (m)
painkiller calmante (m)
parents padres (m pl)
to park aparcar
park parque (m)

children's park parque infantil
parking aparcamiento
parsley perejil (m)
part parte (f)
passenger pasajero/a
passport pasaporte (m)
path sendero
patio patio
to pay attention pagar, fijarse
peace paz (f)
peas guisantes (m pl)
penguin pingüino
people gente (f sing)
pepper pimiento
perfect perfecto/a
perfection perfección (f)
person persona
personally personalmente
Peruvian peruano/a
pharmacist farmacéutico/a
pharmacy farmacia
to phone llamar por teléfono
photo foto (f)
photography fotografía
physical físico/a
physically físicamente
physiotherapy fisioterapia
to pick up recoger
piece trozo
pilot piloto (m/f)
place lugar (m)
plan plan (m)
to plan planear
planet planeta (m)
plant planta
to play jugar, tocar (an instrument)
pleasant agradable, amable
pleased to meet you encantado/a
pleasure placer (m)
plot of land parcela
plumber fontanero/a
plump gordito/a
pocket bolsillo
police station comisaría
policeman/woman policía (m/f)
polite educado/a
possibility posibilidad (f)

possible **possible**
postcard **postal** (f)
potato **patata**
to pour **echar**
power **poder** (m)
practice **práctica**
to practise **practicar**
prawn **gamba**
to prefer **preferir**
preferably **preferiblemente**
to prepare **preparar**
present **regalo**
price **precio**
principle **principio**
probably **probablemente**
problem **problema** (m)
product **producto**
profession **profesión** (f)
programmer
**programador/**
**programadora**
promotion **ascenso**
property **vivienda**
to propose **proponer**
province **provincia**
public relations **relaciones**
**públicas**
pulses **legumbres** (f pl)
to purse **cartera**
to put **poner**
put **puesto** (pp poner)

## Q
quality **calidad** (f)
question **pregunta**
quick **rápido/a**
quickly **rápidamente**
quiet **tranquilo/a**

## R
radio **radio** (f)
to rain **llover**
  it rains **llueve**
rather **bastante**
reason **razón** (f)
to receive **recibir**
recently **recientemente**
recipe **receta**
recommended
**recomendado/a**
to rectify **corregir**
red **rojo/a**; (wine) **tinto**
reference **referencia**
refurbished **reformado/a**

region **región** (f)
to relate to **relacionarse**
remedy **remedio**
to remember **acordarse,**
**recordar**
to remind of **recordar a**
to repeat **repetir**
report to the police
**denuncia**
to report to the police
**poner una denuncia**
representative
**representante** (m/f)
researcher **investigador/**
**investigadora**
reservation **reserva**
resistant **resistente**
to rest **descansar**
restaurant **restaurante** (m)
to restore **restaurar**
to return, go back **volver**
returned **vuelto** (pp volver)
rice **arroz** (m)
rich **rico**
ridiculous **ridículo/a**
riding **equitación** (f)
right **derecha**
  on the right **a la derecha**
river **río**
road **carretera, calle,**
**camino**
Roman **romano/a**
room **habitación** (f), **sala**
rosé wine **rosado**
round here **por aquí**
route **camino, ruta**
rucksack **mochila**
rude **maleducado/a**
Rumania **Rumanía**
Rumanian **rumano/a**
to run through **atravesar**

## S
sad **triste**
saffron **azafrán** (m)
said **dicho** (pp decir)
sailing **vela**
salad **ensalada**
salary **salario**
sandals **sandalias**
to sauté **saltear**
to say **decir**
school, secondary school
**colegio/escuela, instituto**

science **ciencia**
Scotland **Escocia**
screen **pantalla**
scuba diving **buceo**
sea **mar** (m), **marino/a** (adj)
seafood **marisco**
  seafood meal **mariscada**
seat **plaza**
secret **secreto**
secretary **secretario/a**
sector **sector** (m)
to see **ver**
to seem **parecer**
seen **visto** (pp ver)
to sell **vender**
to send **enviar, mandar**
separately **aparte**
to serve **servir**
she **ella**
ship **barco**
shirt **camisa**
shoes **zapatos**
shoe shop **zapatería**
shop **tienda**
to go shopping **ir de**
**compras**
short **bajo/a, corto/a**
shoulder **hombro**
shower **chubasco**
side **lado**
silence **silencio**
silk **seda**
since **desde**
singer **cantante** (m/f)
single **individual** (bed),
**soltero/a**
sink **lavabo**
sir **señor**
sirloin **solomillo**
sister **hermana**
sister-in-law **cuñada**
sit down **siéntese**
situation **situación** (f)
size **talla** (clothes), **número**
(shoes), **tamaño**
to ski **esquiar**
skiing **esquí** (m)
skirt **falda**
slow **lento/a**
small **pequeño/a**
smart **elegante**
smoking **fumar**
smooth **suave**

to snow nevar
  it snows nieva
so tan
soldier soldado (m/f)
some algún/alguna
something algo
sometimes a veces
son hijo
soon enseguida
South sur (m)
South América Suramérica
spacious espacioso/a
Spain España
Spanish español/española
sparkling espumoso/a
to speak hablar
special especial
speciality especialidad (f)
specially especialmente,
sobre todo
to spend (time) pasar
spirit espíritu (m)
sport deporte (m)
spouse esposo/a
sprain esguince (m)
square plaza
squid calamar (m)
to start empezar
starter entrante (m)
station estación (f)
to stay quedarse
still todavía
to stir revolver
stock caldo
stomach estómago
  stomach ache dolor de
  estómago
stone piedra
storage room trastero
storey planta, piso
storm tormenta
straight liso/a
straight ahead todo recto
street calle (f)
stress estrés (m)
strict estricto/a
striking llamativo/a
strong fuerte (m/f)
studies estudios
studio flat estudio
to study estudiar
success éxito
  to be successful tener
  éxito

suit traje (m)
suitable adecuado/a
suitcase maleta
summer verano
sun sol (m)
to sunbathe tomar el sol
sunglasses gafas de sol
sunny soleado/a
supermarket
supermercado
supplement suplemento
supporter hincha (m/f)
surgeon cirujano/a
surname apellido
surprise sorpresa
surrounding area
alrededores (m pl)
survey sondeo
sweet dulce
to swim nadar
swimming-pool piscina
Switzerland Suiza
system sistema (m)

# T

tablet pastilla
to take coger, tomar
take care cuídate
to take out sacar
to take place tener lugar
tall alto/a
to taste probar
teacher profesor/
profesora
team equipo
technician técnico/a
teeth dientes, muelas
telephone teléfono
to tell decir
temperature fiebre (f),
temperatura
tennis tenis (m)
terrace terraza
terraced adosado/a
that eso, ese/a
that one ése/a
that's to say es decir
theatre teatro
them ellos, ellas
then luego, después
there is, there are hay
there ahí
  just over there ahí mismo

these, these (ones) estos/
estas, éstos/as
they ellos, ellas
thin delgado/a
to think pensar
this, this one este/a, éste/a
those, those ones esos/
esas, ésos/ésas
throat garganta
ticket billete (m)
tie corbata
tiger tigre/tigresa
time hora, tiempo
time: free time tiempo,
tiempo libre
timetable horario
tired cansado/a
toast brindis (m)
toaster tostadora
today hoy
toe dedo (del pie)
together juntos
toilet servicio
tomorrow mañana
too/too much, too
many demasiado (adv);
demasiado/a (adj)
tooth diente (m)
toothache dolor de muelas
totally totalmente
tour operator operador de
viajes (m)
tourism turismo
tourist turista (m/f),
turístico/a (adj)
town ciudad (f)
Town Hall Ayuntamiento
traditional tradicional
traffic lights semáforo
tragic trágico/a
train tren (m)
trainer entrenador(a)
training formación (f)
to travel viajar
travel agent agencia de
viajes
travel bag bolsa de viaje
trekking senderismo
trip viaje (m)
trousers pantalón (m)
true verdadero/a
to try on probarse
to turn girar
TV tele (televisión) (f)

type **tipo**
typical **típico/a**

# U

unique **único/a**
United States **Estados Unidos** (m)
university **universidad** (f)
until **hasta**
upstairs **arriba**
urban **urbano/a**
to use **usar**
to use tú **tutearse**
usually **normalmente**

# V

valley **valle** (m)
various **diverso/a**
VAT **IVA** (m)
veal **ternera**
vegetables **verdura**
very **muy**
very good, well **fenomenal**
view **vista**
villa **chalet** (m)
village **pueblo**
vintage **gran reserva**
visit **visita**
to visit **visitar**
visitor **visitante** (m/f)
vitamin **vitamina, vitamínico/a** (adj)
volcanic **volcánico/a**
volcano **volcán** (m)

# W

to wait **esperar**
to wake up **despertarse**
to walk **andar, caminar**
wallet **cartera**
to want **querer** I want **quiero**
warm de **abrigo**
to wash **lavar**
washing machine **lavadora**
water **náutico/a** (adj)
waterproof **impermeable**
we **nosotros/nosotras**
weather **clima** (m)
wedding, silver wedding **boda, bodas de plata**
week **semana**
weekend **fin de semana** (m)
weight **peso**

weights **pesas** (f pl)
welcome **bienvenido/a**
well **bien, bueno, pues**
well known **famoso/a**
West **oeste** (m)
whale **ballena**
what **qué, cómo**
  what a shame! **¡qué pena!**
  what's happened? **¿qué ha pasado?**
  what's the matter? **¿qué le pasa?**
wheel **rueda**
when **cuándo**
where **dónde, adónde**
which one(s) **cuál, cuáles**
while, whilst **mientras**
white **blanco/a**
who **quién, que**
why **por qué**
wide **ancho/a**
wife **mujer** (f)
wind **viento**
windsurfing **windsurf**
wine **vino**
wine tasting **cata de vinos**
winter **invierno**
with **con**
  with me **conmigo**
  with pleasure **con mucho gusto**
  with you **contigo**
to withdraw **sacar**
woman **mujer** (f)
wool **lana**
to work **trabajar**
working **laboral** (adj)
working day **jornada**
world **mundo**
to worry **preocuparse**
worse **peor**
would like **gustaría** (from gustar)
written **escrito** (pp escribir)

# Y

year **año**
yellow **amarillo/a**
yes **sí**
yet **todavía, ya**
you **tú**
you (formal) **usted (Vd)**
you (pl informal) **vosotros/vosotras**

you (pl formal) **ustedes (Vds)**
young **joven**
your **tu**
yours sincerely/faithfully **atentamente**

# Z

zip **cremallera**